*Elogios a*
## NAÇÃO DOPAMINA

"Quando a gente acha que já sabe tudo o que precisava saber sobre a crise dos vícios, vem a Dra. Anna Lembke com seu segundo livro brilhante sobre o assunto – este não sobre uma droga, mas sobre o produto químico mais poderoso de todos: a dopamina, que governa os centros de dor e prazer da nossa mente. Em uma era de consumo excessivo e gratificação instantânea, *Nação dopamina* explica o preço pessoal e social de ser governado pela próxima dose – e como gerenciá-la. Não importa qual seja o exagero: internet, comida, trabalho ou sexo, este livro é fascinante, assustador e convincente. Lembke combina histórias de pacientes com pesquisa, em uma voz tão empática quanto lúcida."

Beth Macy, autora de *Dopesick*,
best-seller do *New York Times*

"Todos nós desejamos uma pausa na rotina e nas coisas que nos incomodam. E se, em vez de tentar escapar, aprendermos a alcançar uma harmonia pacífica com nós mesmos e com as pessoas com quem compartilhamos a vida? Lembke escreveu um livro que muda radicalmente a maneira como pensamos sobre doença mental, prazer, dor, recompensa e estresse. Abrace este livro. Você vai ficar feliz por isso."

Daniel Levitin, autor de *A mente organizada*,
best-seller do *New York Times*

"Explore a dicotomia entre buscar uma dose de dopamina prontamente acessível – no celular, em jogos de azar ou em um pacote de batata frita – e manter uma vida saudável, produtiva e estável."

*The New York Times*

"Uma pesquisa reveladora sobre a busca de prazer e o vício. Os leitores que procuram equilíbrio o encontrarão na orientação fascinante de Anna Lembke."

*Publishers Weekly*

"[...] histórias e casos fascinantes, e uma maneira sensível de tratá-los."

*Kirkus Reviews*

# Dra. Anna Lembke

# NAÇÃO DOPAMINA

**Um guia prático para encontrar o equilíbrio em uma era de excessos**

## Workbook

TRADUÇÃO
**Elisa Nazarian**

VESTÍGIO

Copyright © 2024 Anna Lembke
Copyright desta edição © 2024 Editora Vestígio

Título original: *The Official Dopamine Nation Workbook: A Practical Guide to Finding Balance in the Age of Indulgence*

Todos os direitos reservados pela Editora Vestígio. Nenhuma parte desta publicação poderá ser reproduzida, seja por meios mecânicos, eletrônicos, seja via cópia xerográfica, sem a autorização prévia da Editora.

Esta edição é publicada mediante acordo com Dutton, um selo do Penguin Publishing Group, uma divisão de Penguin Random House LLC.

DIREÇÃO EDITORIAL
Arnaud Vin

ADAPTAÇÃO DE CAPA
Diogo Droschi

EDIÇÃO E PREPARAÇÃO DE TEXTO
Bia Nunes de Sousa

PROJETO GRÁFICO
Alison Cnockaert

REVISÃO
Samira Vilela
Natália Chagas Máximo

DIAGRAMAÇÃO
Guilherme Fagundes

CAPA
Pete Garceau
(sobre fotografia de Steve Fisch)

Dados Internacionais de Catalogação na Publicação (CIP)
Câmara Brasileira do Livro, SP, Brasil

---

Lembke, Anna
 Nação dopamina workbook : um guia prático para encontrar o equilíbrio em uma era de excessos / Anna Lembke ; tradução Elisa Nazarian. -- 1. ed. -- São Paulo : Vestígio Editora, 2024.

 Título original: *The Official Dopamine Nation Workbook: A Practical Guide to Finding Balance in the Age of Indulgence*.
 ISBN 978-65-6002-063-4

 1. Abuso de substâncias 2. Comportamento compulsivo 3. Dor 4. Equilíbrio (Psicologia) 5. Internet - Aspectos sociais 6. Prazer I. Título.

24-224226                                                                         CDD-152.4

Índices para catálogo sistemático:
1. Prazer e dor : Equilíbrio : Psicologia 152.4
Tábata Alves da Silva - Bibliotecária - CRB-8/9253

---

A **VESTÍGIO** É UMA EDITORA DO **GRUPO AUTÊNTICA**

**São Paulo**
Av. Paulista, 2.073 . Conjunto Nacional
Horsa I . Salas 404-406 . Bela Vista
01311-940 São Paulo . SP
Tel.: (55 11) 3034 4468

**Belo Horizonte**
Rua Carlos Turner, 420
Silveira . 31140-520
Belo Horizonte . MG
Tel.: (55 31) 3465 4500

www.editoravestigio.com.br
SAC: atendimentoleitor@grupoautentica.com.br

*Para meus pacientes, que todos os
dias continuam a me inspirar.*

13 **Introdução**

19 **Como usar este workbook**

21 **Capítulo 1: Dados**

47 **Capítulo 2: Objetivos**

59 **Capítulo 3: Problemas**

79 **Capítulo 4: Abstinência (e ascetismo)**

135 **Capítulo 5: Mindfulness (atenção plena)**

145 **Capítulo 6: Insight (e honestidade radical)**

169 **Capítulo 7: Novos passos**

179 **Capítulo 8: Experimento**

187 **Agradecimentos**

# NAÇÃO DOPAMINA

## WORKBOOK

Caros leitores brasileiros,

É uma honra apresentar o *Nação dopamina workbook* para o Brasil, um manual prático para gerenciar o consumo excessivo compulsivo em um mundo saturado de recompensas.

Este workbook é uma oportunidade para fazermos juntos uma abordagem estruturada para reduzir o consumo excessivo de drogas lícitas ou ilícitas e também o comportamento compulsivo, além de fornecer algumas opções para comportamentos alternativos mais saudáveis.

Desde a publicação e o lançamento de *Nação dopamina* no Brasil, fiquei surpresa e muito honrada com a recepção positiva do povo brasileiro. Recebi muitas mensagens de gratidão e muitos leitores também compartilharam suas histórias de luta contra diversos tipos de substâncias e comportamentos, incluindo, mas não se limitando a álcool, nicotina, pornografia, mídia social, videogames, jogos de azar, compras, açúcar e muito, muito mais.

Fiquei impressionada com a diversidade de leitores, desde estudantes de medicina a mães que ficam em casa, passando por motoristas de caminhão e muitas outras profissões. Isso nos mostra que o vício não discrimina. Todos nós sofremos com o consumo excessivo e o comportamento compulsivo neste mundo moderno e desenvolvido. É hora de desestigmatizar o problema, arregaçar as mangas e trabalhar juntos para encontrar uma maneira melhor e mais saudável de viver.

Desejo que você encontre o seu equilíbrio.

Um abraço,

Dra. Anna Lembke

# Introdução

**ESCREVI ESTE MANUAL** como um complemento a *Nação dopamina* para indivíduos, pais, famílias, orientadores, terapeutas, professores e outras pessoas que queiram ir além da narrativa para se comprometer com práticas que restaurem sistemas de recompensa para uma vida mais próspera. Se você for uma dessas pessoas, então estou muito animada para o caminho que estamos prestes a percorrer juntos.

Assim como em *Nação dopamina*, a ideia fundamental neste livro é de que, por si só, a abundância é um fator estressante, contribuindo para a elevação de taxas de adicção, depressão, ansiedade e suicídio em todo o mundo. Agora, mais do que nunca, as necessidades básicas dos seres humanos (comida, vestimenta, abrigo) estão sendo atendidas. Também temos mais recursos financeiros à disposição, mais acesso a bens de luxo e mais tempo de lazer do que em qualquer época da história humana, mesmo entre os mais pobres dos pobres. (Em 2040, projeta-se que o número de horas de lazer em um dia típico nos Estados Unidos será de 7,2 horas, com apenas 3,8 horas de trabalho diário.) Quase todo aspecto da vida humana tem sido projetado para ser mais enfatizado positivamente, mais acessível, mais inovador e mais potente... em outras palavras, *adictivo*.

Contudo, segundo pesquisas, hoje as pessoas estão menos felizes, mais deprimidas e mais ansiosas do que trinta anos atrás. Também estão morrendo mais cedo. Atualmente, 70% das mortes globais estão relacionadas a fatores de risco modificáveis, tais como fumo, inatividade física e hábitos alimentares ruins. O que é mais desconcertante em tudo isso é que quanto mais rico o país, e maior o acesso a tratamentos de saúde mental, mais infelizes, mais deprimidos e mais ansiosos são seus habitantes, fenômeno que chamo de *Paradoxo da Abundância*.

Além do estresse da superabundância, desconfio que tem algo fundamentalmente errado sobre o quanto compreendemos a saúde mental. No decorrer da minha carreira como psiquiatra, tenho visto cada vez mais pacientes – inclusive pessoas jovens, com famílias amorosas, educação de elite e patrimônio considerável – que sofrem de depressão e ansiedade devastadoras. O problema deles não é trauma, deslocamento social ou pobreza. É a superabundância e a maneira de essa constante exposição a prazeres rápidos mudar o nosso cérebro.

Um dos meus pacientes, Justin, um rapaz brilhante e ponderado, de 20 e poucos anos, me procurou por conta de uma ansiedade debilitante e depressão. Depois de largar a faculdade, estava morando com os pais e contemplava vagamente o suicídio. Também jogava videogame a maior parte do dia e até tarde, todas as noites.

Vinte anos atrás, a primeira coisa que eu teria feito com um paciente nessas condições seria prescrever um antidepressivo. Agora, recomendei algo completamente diferente: um jejum de dopamina. Sugeri que se abstivesse de todos os videogames durante um mês.

"O quêeee?", ele disse. "Por que eu faria isso? A única coisa que me traz algum alívio é jogar videogames."

Como expliquei a esse paciente, quando fazemos algo de que gostamos – como jogar videogame –, o cérebro libera um pouquinho de dopamina, nosso neurotransmissor de recompensa, e nos sentimos bem. Mas, nos últimos 75 anos, uma das descobertas mais importantes no campo da neurociência é que o prazer e a dor são processados nas mesmas partes do cérebro, que se esforça para mantê-los em equilíbrio. Sempre que a balança inclina-se em uma direção, nosso cérebro trabalha para restaurar a neutralidade, chamada pelos neurocientistas de *homeostase*, inclinando-a na outra direção.

Assim que a dopamina é liberada, o cérebro se adapta para o aumento de dopamina, reduzindo ou "regulando para baixo" o número estimulado de receptores de dopamina. Isto leva o cérebro a nivelar, inclinando para o lado da dor, motivo pelo qual o prazer é igualmente seguido por uma sensação de ressaca ou declínio. Se conseguirmos esperar tempo suficiente, essa sensação passa e a neutralidade é restaurada, mas existe uma tendência natural para compensá-la, voltando à origem do prazer para mais uma dose.

Se mantivermos esse padrão durante horas, todos os dias, por semanas ou meses, o ponto de ajuste para o prazer muda. Agora precisamos nos manter jogando videogames, não para sentir prazer, mas apenas para nos sentirmos normais. Assim que paramos, sentimos os sintomas universais de abstinência de qualquer substância adictiva: ansiedade, irritabilidade, insônia, disforia e preocupação mental com o uso, também conhecida como *fissura*.

Em resumo, a busca incessante por prazer pode levar à *anedonia*, a incapacidade de vivenciar qualquer tipo de prazer. Ao passo que, abstendo-se de substâncias e/ou comportamentos agradáveis por um período de tempo, restabelecemos nossos sistemas de recompensa e reconquistamos nossa capacidade para sentir alegria.

Meu paciente ficou convencido o suficiente para fazer uma tentativa.

Voltou um mês depois de ter se privado de videogames, dizendo se sentir melhor do que sentira em anos. Menos ansioso, menos deprimido. Por quê? Porque quando ele parou de bombardear seus sistemas de recompensa com dopamina, deu a seu cérebro a oportunidade de restaurar os níveis padrão de descarga de dopamina. Ficou mais surpreso do que qualquer pessoa por se sentir melhor, o que é comum. É difícil ver causa e efeito quando estamos buscando dopamina. Apenas depois de darmos uma parada em nossa droga de escolha é que somos capazes de ver o verdadeiro impacto desse consumo em nossa vida e nas pessoas à nossa volta.

Mas não vamos fingir que esse processo seja fácil. Longe disso. Dependendo da droga, da pessoa e das circunstâncias, a sensação pode ser a de estar escalando o Monte Everest de maiô. Então, temos que planejar para isso, dar um passo de cada vez e contar com a ajuda de outras pessoas.

Além disto, o problema de nosso ecossistema adictogênico (ou seja, um mundo em que tudo foi transformado em droga) é coletivo. As corporações que produzem e lucram com esses potentes produtos de prazer que consumimos também são responsáveis por ajudar na descoberta de soluções. Escolas, governos e outras instituições importantes podem, e devem, criar barras de proteção e incentivos para moldar um comportamento saudável. Mas nós, como indivíduos e como famílias individuais não podemos esperar que eles tomem providências. As vidas estão em risco. Precisamos começar neste momento, onde quer que estejamos, e fazer o possível. Ao mudarmos a nós mesmos, uma pessoa por vez, também podemos mudar o mundo.

O acrônimo DOPAMINA (DOPAMINE, em inglês), como descrito em *Nação dopamina*, propõe o enquadramento estrutural para o quadro de referência interativo que se segue. Cada capítulo é dedicado a uma letra do acrônimo: Dados, Objetivos, Problemas, Abstinência (e ascetismo), Mindfulness (atenção plena), Insight (e honestidade radical), Novos passos e Experimento. O objetivo deste workbook é oferecer um recurso escalonável para ajudar as pessoas a navegarem melhor por um ambiente patológico de prazer/dor.

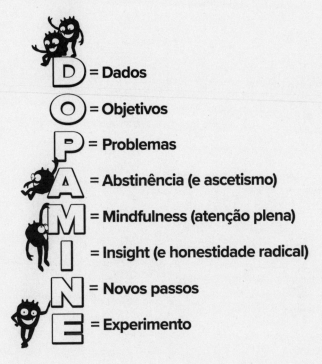

- **D** = Dados
- **O** = Objetivos
- **P** = Problemas
- **A** = Abstinência (e ascetismo)
- **M** = Mindfulness (atenção plena)
- **I** = Insight (e honestidade radical)
- **N** = Novos passos
- **E** = Experimento

# Como usar este workbook

**NÃO EXISTE UMA MANEIRA** certa de usar este manual. Você poderia primeiro lê-lo do começo ao fim e depois voltar e fazer os exercícios. Pode ir diretamente para aqueles capítulos que lhe são mais relevantes e depois retomar os que você perdeu. Mas, para obter o máximo deste livro e otimizar suas chances de uma mudança comportamental duradoura e bem-sucedida, recomendo que percorra este workbook da seguinte maneira:

- Leia e complete os exercícios dos capítulos 1 ao 4, *antes* de começar o jejum de dopamina descrito no capítulo 4.

- Durante o jejum de dopamina, complete os capítulos 5 e 6.

- Quando estiver próximo de terminar o jejum de dopamina, complete os capítulos 7 e 8.

Seja lá como for que você decida interagir com este manual, o importante é que você *esteja* interagindo. Pegue suas canetas, lápis, marca-textos, marcadores e talvez até giz de cera e *escreva* neste manual. Estrague-o. Anote seus pensamentos e suas ideias. Arranque páginas fundamentais, enfie-as no bolso ou na agenda e leve-as com você para ler no metrô, em sua mesa de trabalho ou parado no sinal de trânsito. O processo é sagrado, mas o manual não. Escreva nele e se aposse dele, meu amigo.

Se você preferir adaptar estas páginas a um meio digital, fique à vontade. Ao longo do meu trabalho com vários tipos engenhosos do Vale do Silício, atendi muitos pacientes que desenvolveram planilhas surpreendentes a partir dos exercícios aqui sugeridos. Mas se, assim como eu, você estiver se esforçando para criar mais tempo longe das telas, então o incentivo a ficar com a experiência mais lenta, mais tátil, de escrever no livro.

Por fim, não há um cronograma específico que estipule o prazo que você deveria levar para terminar qualquer parte deste livro. Faça as coisas no seu ritmo. Mas lembre-se de que o ótimo é inimigo do bom e de que é melhor ir até o fim do que percorrer metade do workbook com perfeição e nunca terminá-lo. Também, em geral, sugiro que, enquanto estiver fazendo os exercícios, você anote apenas o suficiente para lhe fazer sentido. Não sinta necessidade de escrever frases completas, ou gramaticalmente corretas, ou particularmente legíveis. O importante é você interagir com as ideias e organizar suas reações em um todo coerente o suficiente para chegar ao fim do manual.

Então, vamos começar. Não temos tempo a perder. Estamos falando da sua vida.

CAPÍTULO 1

# Dados

**D** = **Dados**
O = Objetivos
P = Problemas
A = Abstinência (e ascetismo)
M = Mindfulness (atenção plena)
I = Insight (e honestidade radical)
N = Novos passos
E = Experimento

O *D*, em DOPAMINA, significa *dados*. Aqui focamos em fatos, não em sentimentos. Não que os sentimentos não sejam importantes, longe disso. Mas eles vêm depois.

A ampla definição de *adicção* é o uso contínuo, compulsivo de uma substância ou comportamento, apesar do mal causado a si próprio e/ou a outros. A adicção acontece em um espectro. A maioria de nós não está lidando com adicções com risco de morte, mas quase todos nós estamos lutando com algum tipo de consumo excessivo compulsivo.

Para começar, pense em uma substância ou postura – talvez haja mais de uma – que você esteja usando de maneira contrária a seus desejos ou intenções, ou que produza efeitos que vão contra seus objetivos ou expectativas para sua saúde, seus relacionamentos ou sua carreira. Talvez você esteja usando mais do que planejou. Talvez tenha, repetidamente, dito a si mesmo: *Amanhã vou dar um tempo*, mas esse amanhã nunca chega. Talvez esteja mentindo sobre seu uso, minimizando o tempo e o dinheiro gastos. Talvez outras pessoas tenham comentado que você está abusando.

Vá além das substâncias e comportamentos que tradicional-mente consideramos adictivas, como álcool e cigarros. Amplie sua visão para compreender que, no mundo de hoje, podemos ficar adictos de quase tudo, porque quase tudo foi projetado para ser mais intenso, inovador, farto e acessível. Considere alimentos processados, mídia social, videogames, compras online, exercícios, mensagens de texto... a lista, de fato, é infindável. Como foi discutido em *Nação dopamina*, aos 40 e poucos anos, desenvolvi uma leve adicção a ler romances baratos.

As pessoas podem ficar adictas a estímulos aversivos ou dolorosos, tanto quanto aos agradáveis. Por exemplo, luto contra ruminações obsessivas quanto ao bem-estar dos meus filhos. *Ruminação*, derivado do verbo latino *rüminäre*, "mascar o alimento regurgitado"; significa revirar as coisas sem parar em nossa mente. Posso passar horas a fio em uma preocupação estéril com os meus filhos, prejudicando a mim e a eles. Isso me prejudica porque desperdiço um tempo precioso pensando em coisas sobre as quais tenho pouco ou nenhum controle, em vez de refletir sobre problemas do aqui e agora, em relação aos quais posso realmente fazer algo. E prejudica meus filhos porque os objetifica, transformando o bem-estar deles no meu bem-estar, em um ciclo codependente que os pressiona a estar bem ou, no mínimo, parecer bem, mesmo quando não estão. De uma maneira esquisita, a preocupação é meu *lugar feliz*.

Meus pacientes descreveram preocupações igualmente obsessivas, indiretas, quanto à política nacional, o aquecimento global, traumas passados, cometer erros, e assim por diante.

Você pode muito bem perguntar: *Qual é a diferença entre uma paixão, um hábito e uma adicção?* A diferença crucial é se a substância ou comportamento está causando mal. Nem sempre o mal é aparente, seja por não conseguirmos percebê-lo mesmo quando os outros percebem, seja porque o mal é sutil e cumulativo. Em se tratando de drogas que estamos ingerindo como remédio e/ou substâncias e comportamentos que são culturalmente celebrados, como trabalho, prestígio, dinheiro e poder, os males são mais difíceis de serem detectados.

Ainda que você pense não ter um grande problema com o abuso de certas atitudes ou substâncias, talvez existam áreas em que você precise trabalhar regularmente para manter as coisas sob controle, ou elas poderão ficar desequilibradas e prejudicar a sua vida.

\*

Veja a tabela na próxima página, que lista substâncias e comportamentos com os quais meus pacientes e leitores (e eu mesma!) vivenciaram um relacionamento nocivo ao longo dos anos, incluindo drogas, medicamentos, mídia, internet, tecnologia, outras pessoas, nosso próprio físico, esportes, exercícios, jogos, adrenalina, comida, trabalho, conquistas e dinheiro.

Circule as substâncias e/ou comportamentos com os quais você lutou em algum ponto da sua vida, passada ou presente, em especial aquelas atitudes que você gostaria de mudar ou está pensando em mudar. Não evite essa etapa. É essencial ir com calma e passar um tempo realmente dando uma olhada em nossos comportamentos. Focar nossa atenção dessa maneira aumenta a conscientização, que é o primeiro passo para a mudança.

## EXERCÍCIO INTERATIVO

# Identificando substâncias e comportamentos problemáticos

(Circule as atitudes compulsivas que se aplicam a você.)

| Drogas | Medicamentos | Mídia, internet, tecnologia | Outras pessoas, nosso corpo | Esportes, exercícios, jogos, adrenalina | Comida | Trabalho, conquistas, dinheiro |
|---|---|---|---|---|---|---|
| Álcool | Opioides | Assistir a vídeos, filmes, shows | Amor | Videogames | Açúcar | Obsessão com trabalho |
| Nicotina | Sedativos | Mídia social, mensagem de texto, postar, blogar, dar e receber likes ou comentários | Sexo | Praticar esportes, treinar resistência, exercitar-se apesar de piorar uma lesão | Cafeína, energéticos | Conquistar prêmios e/ou reconhecimento público |
| Maconha | Estimulantes | Rolagem sem fim e sem sentido | Pornografia, sites de relacionamento | Assistir a esportes | Refrigerantes | Falar em público |
| Heroína | Antidepressivos e estabilizadores de humor | Ler notícias ruins, notícias online, comentários | Masturbação | Apostas esportivas | Gorduras | Seguidores de mídias sociais/ likes |
| Alucinógenos | Relaxantes musculares | Fofocas sobre celebridades | Automutilação | Jogar xadrez e baralho | Sal | Adulação, cumprimentos |
| Inalantes | Remédios para tosse e resfriado | Esportes online | Puxar cabelo | Máquinas caça-níqueis, loterias, raspadinhas | Carboidratos | Investir, negociar ações, checar investimentos |
| Cocaína | Remédios para dor de cabeça | Informação médica online | Tatuagens | Roubar, iniciar incêndios | Alimentos ultraprocessados | Bônus |
| Metanfetamina | Remédios para dormir | Informação online sobre viagem | Manipular outras pessoas | Paraquedismo. *bungee jumping*, escaladas | Compulsão alimentar | Criptomoedas |
| Psicodélicos | Suplementos | Informação online sobre o clima | Mentir | Carros, motos, velocidade, *off-road* | Comer em excesso e vomitar | Aquisição material para sinalizar riqueza: carros, roupas, casas, relógios, joias |
| Kratom e/ou outras plantas medicinais estimulantes | Esteroides | Compras online | Preocupar-se | Entrar em brigas, ataques de raiva, violência física | Restrições, contagem de calorias | Ascender na hierarquia profissional: corporativa, legal, acadêmica, militar |

Por exemplo, meu uso problemático tende a se centrar em torno de ficção escapista, vídeos estúpidos do YouTube, chocolate e preocupações com meus filhos. Meu paciente Riley* está às voltas com Netflix, TikTok, álcool e abuso de alimentos processados. Por outro lado, meu paciente Andy tem um problema com exercício excessivo e restrições em sua dieta por conta de uma contagem obsessiva de calorias. E você?

Pegue as substâncias ou comportamentos que você circulou na tabela anterior, ou qualquer outra que não conste da tabela e que você tenha acrescentado, e transponha-a para a tabela a seguir, colocando um sinal ou um X nas colunas que se referem àquele determinado comportamento. Este exercício o ajudará a caracterizar melhor a sua atitude, inclusive a que estiver fora de controle, que envolva mentir para encobrir o comportamento, e que tenha sido observada por outras pessoas.

---

\* Em respeito à privacidade das pessoas e com seu consentimento, nomes e outras informações identificáveis foram mudadas, incluindo "Riley" e "Andy".

## EXERCÍCIO INTERATIVO

## Caracterizando substâncias e comportamentos problemáticos

| Substância ou comportamento | Uso maior ou com mais frequência do que havia planejado | Tentei cortar, mas não consegui, ou arrumei uma desculpa para continuar usando | Menti sobre o uso ou declarei usar menos (ou com menos frequência do que fazia de fato) para mim e outras pessoas | Outras pessoas comentaram a respeito ou demonstraram preocupação quanto ao meu comportamento |
|---|---|---|---|---|
| | | | | |
| | | | | |
| | | | | |
| | | | | |

*

Tendo identificado nossos comportamentos problemáticos, vamos focar, agora, na frequência e quantidade. A frequência e a quantidade são importantes porque tendemos, naturalmente, a minimizar nosso uso e porque quanto mais nos envolvemos com uma droga ou comportamento, mais mudamos nosso cérebro e nos arriscamos a ser pegos no vórtice da adicção.

Ao usar a informação objetiva que temos à mão e desmembrar nosso consumo em porções de 24 horas na última semana, em vez de avaliar nossa média semanal, aumentamos nossa possibilidade de obter um cálculo preciso. Mapear o consumo diário durante uma semana é o Método de Acompanhamento Cronológico, que se revelou uma maneira mais acurada de quantificar o consumo de álcool do que perguntar: "Quanto você bebe por semana?". No tratamento clínico, usamos essa abordagem para todas as substâncias e comportamentos.

Como uma melhor conscientização aprimora a atuação? Pode ter algo a ver com o córtex pré-frontal. O córtex pré-frontal é a grande área cinzenta por trás da nossa testa, ativada quando contamos histórias, verificamos consequências futuras e adiamos gratificação. É também uma parte fundamental do nosso circuito de recompensa cerebral, funcionando como um freio ao nosso consumo excessivo. Veja a seguir a imagem simplificada dos sistemas de recompensa do cérebro, consistindo no córtex pré-frontal, no núcleo accumbens e na área tegmental ventral.

## SISTEMAS DE RECOMPENSA DA DOPAMINA NO CÉREBRO

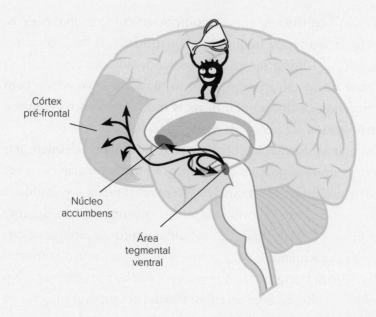

Nossas próprias histórias não apenas moldam a experiência passada, elas também fornecem quadros de referência para o futuro. Quando observamos com precisão e descrevemos nosso comportamento, temos acesso a uma informação melhor do que quando os comportamentos estão simplesmente zunindo nos recessos sombrios de nossa mente. Também estamos criando uma dissonância cognitiva – falta de ajuste com nossos modelos mentais ultrapassados –, o que, por sua vez, nos leva a criar modelos novos e melhores que se adaptem à forma como o mundo realmente funciona, ou o melhor que pudermos nos aproximar disso.

Pense na semana passada. Quanto e com que frequência você usou sua droga preferida? Uso aqui o termo *droga* para abranger tanto as substâncias que ingerimos quanto os comportamentos que adotamos.

Se for um comportamento digital, os aplicativos em seu celular devem ter dados objetivos. Temos uma tendência a evitar olhar nossos dados digitais porque nos contam uma história diferente daquela que temos na cabeça. Mas é fundamental ter dados precisos, portanto olhe aqueles números digitais e anote-os abaixo.

Por exemplo, Riley anotou assistir Netflix e/ou TikTok quase todos os dias. Ele usou um aplicativo para rastrear esses números. Também ficou surpreso ao descobrir que consome um total de 16 doses de álcool em uma semana. A quantidade recomendada para um adulto não passa de uma dose por dia para mulheres (um total de 7 por semana) e não mais de duas doses por dia para homens (um total de 14 por semana). Nos dois padrões, Riley está numa faixa nociva. As pessoas mais saudáveis no planeta não bebem mais do que uma a duas doses *por semana*.

## EXERCÍCIO INTERATIVO
# Quantificar o uso em uma semana

(Exemplo: Riley)

| Substância ou comportamento | Segunda | Terça | Quarta | Quinta | Sexta | Sábado | Domingo | Total semanal |
|---|---|---|---|---|---|---|---|---|
| Netflix | | 66 min | | 57 min | | 34 min | 37 min | 3h14 |
| TikTok | 105 min | | 17 min | 40 min | | 26 min | 54 min | 4h02 |
| Álcool | | 2 doses | 2 doses | 2 doses | 3 doses | 4 doses | 3 doses | 16 doses |
| | | | | | | | | |

É a sua vez. Preencha a tabela a seguir, registrando quantidade e frequência de uso para cada dia da última semana. Tente ser tão específico e preciso quanto possível. Não minimize.

## EXERCÍCIO INTERATIVO
## Quantificar o uso em uma semana

| Substância ou comportamento | Segunda | Terça | Quarta | Quinta | Sexta | Sábado | Domingo | Total semanal |
|---|---|---|---|---|---|---|---|---|
| | | | | | | | | |
| | | | | | | | | |
| | | | | | | | | |
| | | | | | | | | |

Pronto, você conseguiu, anotou. Pôs para fora. Pode ser doloroso focar nesses números, mas é essencial para uma maior conscientização. Quando usamos, com precisão, uma linguagem e números para descrever nosso comportamento, podemos *vê-lo* de uma maneira impossível de ser vista com honestidade em outro contexto. Depois que *vemos* o comportamento, podemos fazer algo a respeito.

*

Agora, é hora de contextualizar nossas atitudes dentro das nossas narrativas autobiográficas, preenchendo um Cronograma da Dopamina. Refletindo sobre nossos comportamentos/hábitos/adicções no contexto mais amplo de nossa experiência, podemos, pela primeira vez, avaliar exatamente há quanto tempo andamos envolvidos nessas atitudes, bem como entender os fatores ambientais que contribuíram para nossos comportamentos.

Ao contrário da opinião popular, o consumo excessivo compulsivo não acontece sempre em épocas estressantes. Depende da pessoa e de conexões cerebrais exclusivas. Algumas pessoas consomem mais quando estão estressadas; outras, quando as coisas estão indo bem. Eu me encontro na categoria "quando as coisas estão indo bem". Quando estou estressada e minha adrenalina passa a atuar, entro no modo combate, como menos e brinco menos. Quando as coisas vão bem, fico vulnerável para deixar tudo numa boa. Minha leitura compulsiva de romances açucarados começou quando o estresse agudo de criar crianças pequenas estava chegando ao fim.

Dê uma olhada no Cronograma de Dopamina de Andy. Seu comportamento compulsivo relacionado com exercícios e comida começou por volta dos 16 anos, quando uma lesão esportiva o afastou da equipe de tênis no ensino médio, e ele se voltou para outras formas de exercício e alimentação restritiva para lidar com a situação. Esse padrão prosseguiu ao longo de sua vida, mas piorou especialmente entre os 31 e 44 anos, enquanto lutava com problemas num casamento infeliz, que terminou em divórcio. Parte de sua motivação para mudar veio ao estar em um relacionamento estável com sua namorada e querer se um pai melhor para a filha.

## EXERCÍCIO INTERATIVO
# Gráfico de vida da dopamina

(Trace uma linha horizontal a partir da idade em que a atividade começou até o seu fim, ou até a presente data, se ainda perdurar.)

(Exemplo Andy)

| Prática de esportes, exercícios, jogos, adrenalina | Idade | | | | | | | | | | | | | | | | | | | | | | | | | | | | |
|---|---|---|---|---|---|---|---|---|---|---|---|---|---|---|---|---|---|---|---|---|---|---|---|---|---|---|---|---|---|
| | 3 | 4 | 5 | 6 | 7 | 8 | 9 | 10 | 11 | 12 | 13 | 14 | 15 | 16 | 17 | 18 | 19 | 20 | 21 | 22 | 23 | 24 | 25 | 26 | 27 | 28 | 29 | 30 | 31 |
| Praticar esportes, treino de resistência, exercitar-se, apesar de piorar uma lesão | | | | | | | Lesão esportiva, larguei o time; exercício por conta própria no ginásio. Comecei a ficar obcecado com boa forma e aparência | | | | | | Mudança para leste por saudades da faculdade, usando excesso de exercícios como uma estratégia de enfrentamento | | | | | | Faculdade de Direito; continua o exercício compulsivo | | | | | | Escriturário federal / Nascimento de filha; comecei no escritório de advocacia; conflito com esposa sobre a quantidade de tempo gasta exercitando | | | | | |

36 | NAÇÃO DOPAMINA WORKBOOK

| 32 | 33 | 34 | 35 | 36 | 37 | 38 | 39 | 40 | 41 | 42 | 43 | 44 | 45 | 46 | 47 | 48 | 49 | 50 | 51 | 52 | 53 | 54 | 55 | 56 | 57 | 58 | 59 | 60 | 61 | 62 | 63 | 64 | 65 | 66 | 67 | 68 | 69 | 70 | 71 | 72 |
|---|---|---|---|---|---|---|---|---|---|---|---|---|---|---|---|---|---|---|---|---|---|---|---|---|---|---|---|---|---|---|---|---|---|---|---|---|---|---|---|---|

Conheci namorada

Cirurgia no ombro para consertar lesões causadas por excesso de exercícios

Divórcio da esposa, em parte devido a meus comportamentos compulsivos; aumento de exercício compulsivo depois do divórcio

Namoro firme, começo a tentar reduzir os comportamentos compulsivos

## EXERCÍCIO INTERATIVO
# Gráfico de vida da dopamina

(Trace uma linha horizontal a partir da idade em que a atividade começou até o seu fim, ou até a presente data, se ainda perdurar.)

| **Idade** | | | | | | | | | | | | | | | | | | | | | | | | | | | | | |
|---|---|---|---|---|---|---|---|---|---|---|---|---|---|---|---|---|---|---|---|---|---|---|---|---|---|---|---|---|---|
| **Drogas** | 3 | 4 | 5 | 6 | 7 | 8 | 9 | 10 | 11 | 12 | 13 | 14 | 15 | 16 | 17 | 18 | 19 | 20 | 21 | 22 | 23 | 24 | 25 | 26 | 27 | 28 | 29 | 30 | 31 |
| Álcool | | | | | | | | | | | | | | | | | | | | | | | | | | | | | |
| Nicotina | | | | | | | | | | | | | | | | | | | | | | | | | | | | | |
| Maconha | | | | | | | | | | | | | | | | | | | | | | | | | | | | | |
| Heroína | | | | | | | | | | | | | | | | | | | | | | | | | | | | | |
| Alucinógenos | | | | | | | | | | | | | | | | | | | | | | | | | | | | | |
| Inalantes | | | | | | | | | | | | | | | | | | | | | | | | | | | | | |
| Cocaína | | | | | | | | | | | | | | | | | | | | | | | | | | | | | |
| Metanfetamina | | | | | | | | | | | | | | | | | | | | | | | | | | | | | |
| Psicodélicos | | | | | | | | | | | | | | | | | | | | | | | | | | | | | |
| Kratom e/ou outras plantas medicinais estimulantes | | | | | | | | | | | | | | | | | | | | | | | | | | | | | |
| **Medicamentos** | 3 | 4 | 5 | 6 | 7 | 8 | 9 | 10 | 11 | 12 | 13 | 14 | 15 | 16 | 17 | 18 | 19 | 20 | 21 | 22 | 23 | 24 | 25 | 26 | 27 | 28 | 29 | 30 | 31 |
| Opioides | | | | | | | | | | | | | | | | | | | | | | | | | | | | | |
| Sedativos | | | | | | | | | | | | | | | | | | | | | | | | | | | | | |
| Estimulantes | | | | | | | | | | | | | | | | | | | | | | | | | | | | | |
| Antidepressivos e estabilizadores de humor | | | | | | | | | | | | | | | | | | | | | | | | | | | | | |
| Relaxantes musculares | | | | | | | | | | | | | | | | | | | | | | | | | | | | | |
| Remédios para tosse e resfriado | | | | | | | | | | | | | | | | | | | | | | | | | | | | | |
| Remédios para dor de cabeça | | | | | | | | | | | | | | | | | | | | | | | | | | | | | |
| Remédios para dormir | | | | | | | | | | | | | | | | | | | | | | | | | | | | | |
| Suplementos | | | | | | | | | | | | | | | | | | | | | | | | | | | | | |
| Esteroides | | | | | | | | | | | | | | | | | | | | | | | | | | | | | |
| **Mídia, internet, tecnologia** | 3 | 4 | 5 | 6 | 7 | 8 | 9 | 10 | 11 | 12 | 13 | 14 | 15 | 16 | 17 | 18 | 19 | 20 | 21 | 22 | 23 | 24 | 25 | 26 | 27 | 28 | 29 | 30 | 31 |
| Assistir a vídeos, filmes, shows | | | | | | | | | | | | | | | | | | | | | | | | | | | | | |
| Mídia social, mensagem de texto, postar, blogar, dar e receber likes e comentários | | | | | | | | | | | | | | | | | | | | | | | | | | | | | |
| Rolagem sem fim e sem sentido | | | | | | | | | | | | | | | | | | | | | | | | | | | | | |
| Ler notícias ruins, notícias online, comentários | | | | | | | | | | | | | | | | | | | | | | | | | | | | | |
| Fofocas sobre celebridades | | | | | | | | | | | | | | | | | | | | | | | | | | | | | |
| Esportes online | | | | | | | | | | | | | | | | | | | | | | | | | | | | | |
| Informação médica online | | | | | | | | | | | | | | | | | | | | | | | | | | | | | |
| Informação online de viagem | | | | | | | | | | | | | | | | | | | | | | | | | | | | | |
| Informação online sobre clima | | | | | | | | | | | | | | | | | | | | | | | | | | | | | |
| Compras online | | | | | | | | | | | | | | | | | | | | | | | | | | | | | |

| 32 | 33 | 34 | 35 | 36 | 37 | 38 | 39 | 40 | 41 | 42 | 43 | 44 | 45 | 46 | 47 | 48 | 49 | 50 | 51 | 52 | 53 | 54 | 55 | 56 | 57 | 58 | 59 | 60 | 61 | 62 | 63 | 64 | 65 | 66 | 67 | 68 | 69 | 70 | 71 | 72 |
|----|----|----|----|----|----|----|----|----|----|----|----|----|----|----|----|----|----|----|----|----|----|----|----|----|----|----|----|----|----|----|----|----|----|----|----|----|----|----|----|----|
|    |    |    |    |    |    |    |    |    |    |    |    |    |    |    |    |    |    |    |    |    |    |    |    |    |    |    |    |    |    |    |    |    |    |    |    |    |    |    |    |    |

| 32 | 33 | 34 | 35 | 36 | 37 | 38 | 39 | 40 | 41 | 42 | 43 | 44 | 45 | 46 | 47 | 48 | 49 | 50 | 51 | 52 | 53 | 54 | 55 | 56 | 57 | 58 | 59 | 60 | 61 | 62 | 63 | 64 | 65 | 66 | 67 | 68 | 69 | 70 | 71 | 72 |
|----|----|----|----|----|----|----|----|----|----|----|----|----|----|----|----|----|----|----|----|----|----|----|----|----|----|----|----|----|----|----|----|----|----|----|----|----|----|----|----|----|
|    |    |    |    |    |    |    |    |    |    |    |    |    |    |    |    |    |    |    |    |    |    |    |    |    |    |    |    |    |    |    |    |    |    |    |    |    |    |    |    |    |

| 32 | 33 | 34 | 35 | 36 | 37 | 38 | 39 | 40 | 41 | 42 | 43 | 44 | 45 | 46 | 47 | 48 | 49 | 50 | 51 | 52 | 53 | 54 | 55 | 56 | 57 | 58 | 59 | 60 | 61 | 62 | 63 | 64 | 65 | 66 | 67 | 68 | 69 | 70 | 71 | 72 |
|----|----|----|----|----|----|----|----|----|----|----|----|----|----|----|----|----|----|----|----|----|----|----|----|----|----|----|----|----|----|----|----|----|----|----|----|----|----|----|----|----|
|    |    |    |    |    |    |    |    |    |    |    |    |    |    |    |    |    |    |    |    |    |    |    |    |    |    |    |    |    |    |    |    |    |    |    |    |    |    |    |    |    |

| Outras pessoas, nosso corpo | 3 | 4 | 5 | 6 | 7 | 8 | 9 | 10 | 11 | 12 | 13 | 14 | 15 | 16 | 17 | 18 | 19 | 20 | 21 | 22 | 23 | 24 | 25 | 26 | 27 | 28 | 29 | 30 | 31 |
|---|---|---|---|---|---|---|---|---|---|---|---|---|---|---|---|---|---|---|---|---|---|---|---|---|---|---|---|---|---|
| Amor | | | | | | | | | | | | | | | | | | | | | | | | | | | | | |
| Sexo | | | | | | | | | | | | | | | | | | | | | | | | | | | | | |
| Pornografia, sites de relacionamento | | | | | | | | | | | | | | | | | | | | | | | | | | | | | |
| Masturbação | | | | | | | | | | | | | | | | | | | | | | | | | | | | | |
| Automutilação | | | | | | | | | | | | | | | | | | | | | | | | | | | | | |
| Puxar cabelo | | | | | | | | | | | | | | | | | | | | | | | | | | | | | |
| Tatuagens | | | | | | | | | | | | | | | | | | | | | | | | | | | | | |
| Manipular outras pessoas | | | | | | | | | | | | | | | | | | | | | | | | | | | | | |
| Mentir | | | | | | | | | | | | | | | | | | | | | | | | | | | | | |
| Preocupar-se | | | | | | | | | | | | | | | | | | | | | | | | | | | | | |

| Esportes, exercícios, jogos, adrenalina | 3 | 4 | 5 | 6 | 7 | 8 | 9 | 10 | 11 | 12 | 13 | 14 | 15 | 16 | 17 | 18 | 19 | 20 | 21 | 22 | 23 | 24 | 25 | 26 | 27 | 28 | 29 | 30 | 31 |
|---|---|---|---|---|---|---|---|---|---|---|---|---|---|---|---|---|---|---|---|---|---|---|---|---|---|---|---|---|---|
| Videogames | | | | | | | | | | | | | | | | | | | | | | | | | | | | | |
| Praticar esportes, treinar resistência, exercitar-se apesar de prejudicar uma lesão | | | | | | | | | | | | | | | | | | | | | | | | | | | | | |
| Assistir a esportes | | | | | | | | | | | | | | | | | | | | | | | | | | | | | |
| Apostas esportivas | | | | | | | | | | | | | | | | | | | | | | | | | | | | | |
| Jogar xadrez e baralho | | | | | | | | | | | | | | | | | | | | | | | | | | | | | |
| Máquinas caça-níqueis, loterias, raspadinhas | | | | | | | | | | | | | | | | | | | | | | | | | | | | | |
| Roubar, iniciar incêndios | | | | | | | | | | | | | | | | | | | | | | | | | | | | | |
| Paraquedismo, *bungee jumping*, escaladas | | | | | | | | | | | | | | | | | | | | | | | | | | | | | |
| Carros, motos, velocidade, *off-road* | | | | | | | | | | | | | | | | | | | | | | | | | | | | | |
| Entrar em brigas, ataques de raiva, violência física | | | | | | | | | | | | | | | | | | | | | | | | | | | | | |

| Comida | 3 | 4 | 5 | 6 | 7 | 8 | 9 | 10 | 11 | 12 | 13 | 14 | 15 | 16 | 17 | 18 | 19 | 20 | 21 | 22 | 23 | 24 | 25 | 26 | 27 | 28 | 29 | 30 | 31 |
|---|---|---|---|---|---|---|---|---|---|---|---|---|---|---|---|---|---|---|---|---|---|---|---|---|---|---|---|---|---|
| Açúcar | | | | | | | | | | | | | | | | | | | | | | | | | | | | | |
| Cafeína, energéticos | | | | | | | | | | | | | | | | | | | | | | | | | | | | | |
| Refrigerantes | | | | | | | | | | | | | | | | | | | | | | | | | | | | | |
| Gorduras | | | | | | | | | | | | | | | | | | | | | | | | | | | | | |
| Sal | | | | | | | | | | | | | | | | | | | | | | | | | | | | | |
| Carboidratos | | | | | | | | | | | | | | | | | | | | | | | | | | | | | |
| Alimentos ultraprocessados | | | | | | | | | | | | | | | | | | | | | | | | | | | | | |
| Compulsão alimentar | | | | | | | | | | | | | | | | | | | | | | | | | | | | | |
| Comer em excesso e vomitar | | | | | | | | | | | | | | | | | | | | | | | | | | | | | |
| Restrições, contagem de calorias | | | | | | | | | | | | | | | | | | | | | | | | | | | | | |

| Trabalho, conquistas, dinheiro | 3 | 4 | 5 | 6 | 7 | 8 | 9 | 10 | 11 | 12 | 13 | 14 | 15 | 16 | 17 | 18 | 19 | 20 | 21 | 22 | 23 | 24 | 25 | 26 | 27 | 28 | 29 | 30 | 31 |
|---|---|---|---|---|---|---|---|---|---|---|---|---|---|---|---|---|---|---|---|---|---|---|---|---|---|---|---|---|---|
| Obsessão com trabalho | | | | | | | | | | | | | | | | | | | | | | | | | | | | | |
| Conquistar prêmios e/ou reconhecimento público | | | | | | | | | | | | | | | | | | | | | | | | | | | | | |
| Falar em público | | | | | | | | | | | | | | | | | | | | | | | | | | | | | |
| Seguidores de mídias sociais/likes | | | | | | | | | | | | | | | | | | | | | | | | | | | | | |
| Adulação, cumprimentos | | | | | | | | | | | | | | | | | | | | | | | | | | | | | |
| Investir, negociar ações, checar investimentos | | | | | | | | | | | | | | | | | | | | | | | | | | | | | |
| Bônus | | | | | | | | | | | | | | | | | | | | | | | | | | | | | |
| Criptomoedas | | | | | | | | | | | | | | | | | | | | | | | | | | | | | |
| Aquisição material para sinalizar riqueza: carros, roupas, casas, relógios, joias | | | | | | | | | | | | | | | | | | | | | | | | | | | | | |
| Ascender na hierarquia profissional: corporativa, legal, acadêmica, militar | | | | | | | | | | | | | | | | | | | | | | | | | | | | | |

| 32 | 33 | 34 | 35 | 36 | 37 | 38 | 39 | 40 | 41 | 42 | 43 | 44 | 45 | 46 | 47 | 48 | 49 | 50 | 51 | 52 | 53 | 54 | 55 | 56 | 57 | 58 | 59 | 60 | 61 | 62 | 63 | 64 | 65 | 66 | 67 | 68 | 69 | 70 | 71 | 72 |
|---|---|---|---|---|---|---|---|---|---|---|---|---|---|---|---|---|---|---|---|---|---|---|---|---|---|---|---|---|---|---|---|---|---|---|---|---|---|---|---|---|

| 32 | 33 | 34 | 35 | 36 | 37 | 38 | 39 | 40 | 41 | 42 | 43 | 44 | 45 | 46 | 47 | 48 | 49 | 50 | 51 | 52 | 53 | 54 | 55 | 56 | 57 | 58 | 59 | 60 | 61 | 62 | 63 | 64 | 65 | 66 | 67 | 68 | 69 | 70 | 71 | 72 |
|---|---|---|---|---|---|---|---|---|---|---|---|---|---|---|---|---|---|---|---|---|---|---|---|---|---|---|---|---|---|---|---|---|---|---|---|---|---|---|---|---|

| 32 | 33 | 34 | 35 | 36 | 37 | 38 | 39 | 40 | 41 | 42 | 43 | 44 | 45 | 46 | 47 | 48 | 49 | 50 | 51 | 52 | 53 | 54 | 55 | 56 | 57 | 58 | 59 | 60 | 61 | 62 | 63 | 64 | 65 | 66 | 67 | 68 | 69 | 70 | 71 | 72 |
|---|---|---|---|---|---|---|---|---|---|---|---|---|---|---|---|---|---|---|---|---|---|---|---|---|---|---|---|---|---|---|---|---|---|---|---|---|---|---|---|---|

| 32 | 33 | 34 | 35 | 36 | 37 | 38 | 39 | 40 | 41 | 42 | 43 | 44 | 45 | 46 | 47 | 48 | 49 | 50 | 51 | 52 | 53 | 54 | 55 | 56 | 57 | 58 | 59 | 60 | 61 | 62 | 63 | 64 | 65 | 66 | 67 | 68 | 69 | 70 | 71 | 72 |
|---|---|---|---|---|---|---|---|---|---|---|---|---|---|---|---|---|---|---|---|---|---|---|---|---|---|---|---|---|---|---|---|---|---|---|---|---|---|---|---|---|

Faça uma anotação na mesma tabela para indicar períodos ou acontecimentos especialmente dolorosos ou difíceis em sua vida, bem como os especialmente felizes, que melhoraram ou pioraram seus comportamentos consumistas. Percebe algum padrão? Você é alguém que tende a consumir de modo desregrado quando a vida vai bem e a pressão relaxou, ou quando as coisas não estão indo bem e a pressão aumenta? Se você teve períodos de abstinência ou de moderação saudável, quais foram os componentes secretos?

\*

Com frequência, é apenas olhando em perspectiva – seja projetando adiante e imaginando o que queremos estar fazendo em algum ponto futuro, seja nos projetando no passado e pensando sobre o que perdemos por causa de todo tempo que passamos usando nossa droga de escolha, às vezes referido como *custo de oportunidade* – que podemos vir a entender esses males sutis e cumulativos. O princípio do arrependimento\* é uma maneira de refletir sobre os custos de oportunidade. Pergunte a si mesmo: "Em uma reflexão sóbria no final do dia, ou da semana, olhando em retrospecto, onde é que me arrependo de ter gasto meu tempo?".

---

\* Agradeço a meu colega Steven Michael Crane por esta ideia.

## EXERCÍCIO INTERATIVO
## O princípio do arrependimento
### (Exemplo: Andy)

*Arrependo-me do tempo que passei me exercitando compulsivamente e restringindo minha dieta, das lesões físicas provavelmente permanentes que causei a mim mesmo, e do exemplo insalubre que dei a minha filha. Também me arrependo dos sentimentos de vergonha e desespero que provoquei em mim mesmo com minhas atitudes adictivas. Afastei-me de amigos bons e cuidadosos. Também magoei minha ex-esposa, fazendo-a pensar que minha rotina de exercícios era muito mais importante para mim do que ela. Isso foi um ponto constante de atrito e maus sentimentos em nossa relação.*

Passe alguns minutos escrevendo sobre os motivos de lamentar certos padrões de comportamentos consumistas em termos de danos a si mesmo e a outros. O arrependimento é uma emoção dolorosa, mas cheia de informações importantes que podem ajudar na motivação de uma mudança.

## EXERCÍCIO INTERATIVO
## O princípio do arrependimento

Chegamos ao fim do nosso capítulo de "*D* é para *dados*". Bom trabalho! Vamos reservar um momento para resumir o que fizemos até aqui.

## RECAPITULANDO

- Analisamos o amplo espectro de sustâncias e comportamentos passíveis de serem usados em demasia e com muita frequência em nosso mundo moderno e entorpecedor.

- Aprendemos sobre o papel do córtex pré-frontal no aprofundamento da conscientização de nossas ações, o que, por sua vez, cria a possibilidade de agir diferente.

- Registramos quantidade e frequência em uma única semana.

- Observamos nossos comportamentos consumistas no contexto de toda a nossa vida, procurando padrões que poderiam indicar experiências de vida que contribuam para ou reforcem o uso excessivo compulsivo.

- Exploramos o princípio do arrependimento: numa reflexão sóbria ao final do dia ou da semana, olhando em retrospecto, me arrependo de ter gasto meu tempo nisso.

*

Está na hora de ir além de simples fatos e dar uma olhada nos sentimentos essenciais. No próximo capítulo, examinaremos o que nosso cérebro está nos dizendo sobre o motivo de fazermos o que fazemos, bem como por que nem sempre devemos confiar nos nossos sentimentos, quando se trata de consumo excessivo compulsivo.

CAPÍTULO 2

# Objetivos

 = Dados
 = **Objetivos**
 = Problemas
 = Abstinência (e ascetismo)
 = Mindfulness (atenção plena)
 = Insight (e honestidade radical)
= Novos passos
 = Experimento

O *O*, em DOPAMINA, significa *objetivos*. É aqui que vamos além *do que que usamos* e focamos em *por que usamos*. É importante notar que, em geral, nossa droga de escolha não está tendo os efeitos que esperávamos, pelo menos não nos estágios mais recentes de nosso uso. Avaliar a distância entre nossos objetivos para o uso, e seu verdadeiro resultado, requer uma análise cuidadosa, e é nisso que trabalharemos agora.

Em minha experiência clínica e pessoal, iniciamos o uso de substâncias e comportamentos adictivos por um ou dois amplos motivos: para nos divertirmos ou para resolver um problema. Até comportamentos irracionais têm fundamentos racionais.

Veja na tabela a seguir alguns motivos comuns dados pelas pessoas para o uso de substâncias e comportamentos. Circule os que se aplicam a você. Acrescente outros se os seus motivos não estiverem ali.

## EXERCÍCIO INTERATIVO
# Motivos para um consumo excessivo compulsivo

(Circule aqueles que se aplicam a você.)

| | | | | |
|---|---|---|---|---|
| Obter divertimento, entretenimento, recreação | Aumentar a sociabilidade | Adaptar-se (por pressão e percepção de cultura organizacional) | Conseguir atenção | Afastar o tédio |
| Melhorar a performance | Aumentar a produtividade | Aumentar a concentração | Diminuir o cansaço | Diminuir a dor física |
| Tratar a ansiedade | Tratar depressão | Dormir | Parar de sentir, entorpecer-se, dissociar | Sentir alguma coisa |
| Ter uma experiência espiritual | Esquecer | Lembrar | Ser mais criativo | Sentir-se no controle |

Pedi a Andy, que luta com um excesso compulsivo de exercícios e contagem de calorias, que passasse algum tempo refletindo sobre três motivos de ele ter essa dependência. Eis o que ele disse:

### EXERCÍCIO INTERATIVO
## Refletindo sobre motivos específicos para o uso
### (Exemplo: Andy)

1. Para ter uma aparência enxuta, musculosa e atraente.

2. Para parecer durão e capaz de proezas físicas.

3. Para cultivar uma perspectiva arrogante de ser mais esforçado e mais capaz de suportar dores do que os outros, inclusive me vangloriando para eles sobre o quanto foi difícil a maratona ou outro grande feito de resistência.

Agora, gostaria que você levasse alguns minutos para escrever sobre três dos seus objetivos para comportamentos desajustados de consumo.

### EXERCÍCIO INTERATIVO
## Refletindo sobre motivos específicos para o uso

1. _____

OBJETIVOS | 51

2.

3.

\*

Ao refletir sobre os motivos de nos envolvermos em comportamentos compulsivos, podemos começar a sondar se nossa droga está conseguindo o que esperávamos que fosse conseguir. As respostas podem surpreendê-lo. Com frequência, substâncias e comportamentos altamente reforçadores levam à sensação subjetiva de ter certo resultado, mas, na verdade, não conquistam aquele objetivo. Em outras palavras, o que *sentimos* que está acontecendo não é, de fato, o que *está* acontecendo.

Essa brecha entre a realidade subjetiva e a objetiva pode ser difícil de detectar, a não ser que reservemos um tempo para pensar a respeito, formos radicalmente honestos conosco e aceitarmos um feedback sincero dos outros. Às vezes, mesmo assim, não conseguimos ver a realidade, motivo pelo qual dar um tempo de nossa substância ou comportamento por um período longo o suficiente para reconfigurar sistemas de recompensa – o jejum de dopamina, como é discutido no capítulo 4 – seja a única maneira de obter um insight.

No meu caso, tinha a ilusão de que minha preocupação excessiva com meus filhos fazia de mim uma mãe melhor. Também havia algum elemento de pensamento mágico: acreditava que, me preocupando com meus filhos, poderia impedir que acontecessem coisas ruins. Obviamente isso não era verdade, mas parecia ser. Mais importante, só percebi essa verdade sobre minha preocupação compulsiva depois de reservar um tempo para pensar a respeito.

O que descobri, depois de refletir e obter um feedback honesto dos meus filhos, foi que, quando estava consumida pela preocupação, deixava-*os* ansiosos e ficava menos capacitada a estar presente para eles de maneira que lhes fosse útil, em vez de me fortalecer. O resultado é que eles se viam menos propensos a compartilhar comigo o que estava realmente acontecendo, por medo de que uma revelação honesta me deixasse ainda mais preocupada. Sem falar de que não é divertido estar com alguém que está o tempo todo ansiosa.

Aqui está um exemplo diferente. Um paciente meu, que diariamente fumava cannabis, me contou que a maconha o deixava mais criativo. Ao longo dos anos, já ouvi isto inúmeras vezes de muitos pacientes que usam cannabis. Mas quando ele e eu olhamos juntos, com mais atenção, esse uso do fumo, percebemos que o fato de ele se *sentir* mais criativo não traduzia, necessariamente o fato de *ficar* mais criativo. Ou seja, ele realmente não produzia muito quando estava chapado. Na verdade, o trabalho do qual mais se orgulhava ocorria quando ele passava períodos mais longos sem usar a droga.

A seguir, vamos tentar um exercício interativo para explorar a diferença entre um objetivo desejado e o verdadeiro resultado de substâncias e comportamentos que estamos usando.

Na tabela da página 57, exponha uma determinada ocorrência de uso, e descreva-a brevemente. Basta apenas uma descrição abreviada, desde que isso signifique algo para você. Depois percorra a distância entre o que você esperava conseguir e o que realmente aconteceu. Que pensamentos, sentimentos e intenções levaram ao uso dessa substância ou comportamento? Qual foi o verdadeiro resultado de usar tal substância ou comportamento? Qual foi a diferença entre intenção e consequência?

Por exemplo, meu paciente Riley escreveu: "Na terça-feira, em casa, assisti a uma quantidade excessiva de vídeos do YouTube no meu celular". Para pensamentos, sentimentos e intenções que levaram ao uso, escreveu: "Queria evitar sentir uma sensação incômoda (barriga/estômago) que veio por antecipar que alguém que eu estava namorando queria terminar a relação". Como resultado real, ele escreveu: "Sensação de vazio/entorpecimento. O incômodo dentro de mim acabou voltando". Para a diferença entre as intenções e o resultado, Riley escreveu: "Dei início a esse comportamento para tentar aliviar, ou pelo menos evitar a sensação de mal-estar, mas ela acabou voltando".

## EXERCÍCIO INTERATIVO
### Objetivos, resultados e diferenças

(Exemplo: Riley)

| Ocasião específica de uso: data, hora, lugar, o que você usou | Pensamentos, sentimentos e intenções que levaram ao uso da substância ou ao comportamento | Resultado real do uso da substância ou comportamento | Diferença entre intenções e resultado |
|---|---|---|---|
| Na terça-feira, em casa, assisti a uma quantidade excessiva de vídeos do YouTube no meu celular | Queria evitar sentir uma sensação incômoda (barriga/estômago) que veio por antecipar que alguém que eu namorava queria terminar a relação | Sensação de vazio/entorpecimento. O incômodo dentro de mim acabou voltando | Dei início a esse comportamento para tentar aliviar, ou pelo menos evitar a sensação de mal-estar, mas ela acabou voltando |

Riley entregou-se a vídeos do YouTube "em excesso" para evitar sensações causadas por um iminente rompimento. Para ele, escapar em vídeos do YouTube funcionou por um tempo, mas as sensações desconfortáveis acabaram voltando. A diferença? A tentativa de Riley de escapar de emoções incômodas fizeram com que aquelas emoções voltassem após um curto período de tempo.

Meu paciente Andy escreveu sobre um acontecimento específico de lesão do ombro devido a um excesso de exercício, levando à cirurgia para reparação do dano. Na fase de recuperação, ele abusou novamente e danificou outra parte do corpo. Seu objetivo de ficar mais forte e perseguir os sentimentos que vêm com isso resultaram no oposto: uma nova lesão e um adiamento em seu processo de cura.

## EXERCÍCIO INTERATIVO
### Objetivos, resultados e diferenças

(Exemplo: Andy)

| Ocasião específica de uso: data, hora, lugar, o que você usou | Pensamentos, sentimentos e intenções que levaram ao uso da substância ou ao comportamento | Resultado real do uso da substância ou comportamento | Diferença entre intenções e resultado |
|---|---|---|---|
| 15 de dezembro, 5h45 | Meu ombro operado está parecendo mais forte e me exercitei bastante para retomar uma sensação de controle sobre meu nível pré-operatório de exercícios | Distendi o tendão da coxa e nos últimos dois dias estou dolorido, resultando em me sentir mais fora de controle e arrependido | Tentei impor minha vontade de levar meu corpo a levantar mais peso do que ele estava pronto para levantar, e acabei voltando para trás e me sentindo mais lesionado e insensato |

E você? Use a próxima tabela para registrar a diferença entre seu resultado desejado e a realidade.

56 | NAÇÃO DOPAMINA WORKBOOK

## EXERCÍCIO INTERATIVO
## Objetivos, resultados e diferenças

| Ocasião específica de uso: data, hora, lugar, o que você usou | Pensamentos, sentimentos e intenções que levaram ao uso da substância ou ao comportamento | Resultado real do uso da substância ou comportamento | Diferença entre intenções e resultado |
|---|---|---|---|
|  |  |  |  |
|  |  |  |  |
|  |  |  |  |
|  |  |  |  |
|  |  |  |  |

\*

Chegamos ao fim do nosso capítulo sobre "O é para objetivos". Bom trabalho! Vamos reservar um momento para resumir o que fizemos até aqui.

## RECAPITULANDO

- Refletimos sobre uma série de objetivos para o uso de uma determinada substância, ou de um determinado comportamento, considerado fortalecedor.

- Detalhamos os *seus* objetivos específicos para o uso de sua droga de escolha e a associamos a circunstâncias específicas.

- Observamos a distância entre nossos objetivos para o uso e o verdadeiro resultado.

*

A seguir, vamos explorar os problemas comumente associados ao uso excessivo compulsivo, bem como o que está acontecendo no cérebro que contribua para a fissura, a abstinência e a dependência.

CAPÍTULO 3

# Problemas

= Dados
= Objetivos
= **Problemas**
= Abstinência (e ascetismo)
= Mindfulness (atenção plena)
= Insight (e honestidade radical)
= Novos passos
= Experimento

O *P*, em DOPAMINE, significa *problemas associados com uso*, especialmente quando usamos repetidamente, compulsivamente e em excesso. Neste capítulo, vamos primeiro focar no que acontece com o nosso cérebro quando nos expomos repetidamente a substâncias e comportamentos altamente reforçadores, usando a metáfora expandida de um equilíbrio prazer-dor para descrever neuroadaptação e homeostase. Em seguida, consideraremos o impacto de reforçadores crônicos, grandes e pequenos, em nossa saúde mental, não apenas no nível individual, mas também no nível populacional e planetário, que, como citei anteriormente, chamei de Paradoxo da Abundância.

## ▸ Neuroadaptação, o equilíbrio prazer-sofrimento e homeostase

Do uso excessivo de substâncias e comportamentos reforçadores podem surgir diversos problemas, mas, entre eles, o principal pode ser o da neuroadaptação.

A *neuroadaptação* refere-se às mudanças que ocorrem em nosso cérebro com o tempo, em reação a substâncias e comportamentos recompensadores, a tal ponto que ele para de funcionar ou mesmo se volta contra nós fazendo o oposto do que esperávamos e desejávamos. Até agora, falamos sobre isto como a "diferença" entre o resultado desejado e a realidade. Vamos dar uma olhada no que está acontecendo no cérebro que provoca esse ciclo de comportamento destrutivo.

As principais células funcionais do cérebro chamam-se *neurônios*. Eles se comunicam entre si pelas sinapses, via sinais elétricos e neurotransmissores. Os neurotransmissores são como um jogo de futebol. O artilheiro é o neurônio pré-sináptico. O goleiro é o neurônio pós-sináptico. O espaço entre o artilheiro e o goleiro é a fenda sináptica. Exatamente quando a bola é jogada entre o artilheiro e o goleiro, os neurotransmissores transpõem a distância entre os neurônios como mensageiros químicos. Eles regulam os sinais elétricos no cérebro tornando o neurônio pós-sináptico mais ou menos possível de disparar, o que, por sua vez, afeta os neurônios posteriores.

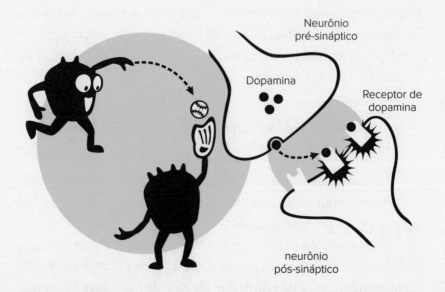

A dopamina foi identificada pela primeira vez como neurotransmissor do cérebro humano em 1957, por dois cientistas que trabalhavam independentemente: Arvid Carlsson e Kathleen Montagu. A parte do cérebro conhecida como *sistema de recompensa*, incluindo a área tegmental ventral, o núcleo accumbens e o córtex pré-frontal, é rica em neurônios liberadores de dopamina. (Veja imagem à p. 30.)

A dopamina não é o único neurotransmissor envolvido no processo de recompensa, mas os neurocientistas concordam que ela está entre os mais importantes. A dopamina pode desempenhar um papel mais essencial na motivação para se obter uma recompensa do que o próprio prazer da recompensa, ou seja, *queremos* mais do que *gostamos*. Um exemplo disso: Camundongos geneticamente modificados, incapazes de produzir dopamina mastigarão e comerão comida, parecendo apreciá-la, mas, se o mesmo alimento for colocado a alguma distância, eles morrerão de fome. Sem a dopamina, eles não se veem motivados a realizar a função para pegar aquilo de que precisam para sobreviver.

Liberamos dopamina no sistema de recompensa a uma taxa básica. O desvio acima e abaixo da linha de base tem relação com nossa experiência de prazer e dor. Quando mais dopamina uma substância ou comportamento libera, e quando mais rápido isso acontece, mais adictiva é essa substância ou conduta. Isto não quer dizer que substâncias com alta dopamina literalmente contenham dopamina. Mais propriamente, elas desencadeiam a liberação de dopamina no sistema de recompensa do nosso cérebro.

Para um rato de laboratório, o chocolate aumenta a produção basal de dopamina no cérebro em 55%, o sexo em 100%, a nicotina em 150%, e a cocaína em 225%. A anfetamina, o ingrediente ativo nas drogas de rua "speed", "ice" e "shabu" bem como em medicamentos como Adderall, usado para tratar transtorno do déficit de atenção, aumenta a liberação de dopamina em 1.000%.

Mas a liberação de dopamina não é o fim da história. Muitos fatores diferentes, tais como genética, criação e ambiente, determinam se uma pessoa, ou um rato, torna-se adicto de uma substância ou comportamento. Não obstante, a dopamina tornou-se uma espécie de moeda de troca universal para a avaliação de mecanismos de recompensa.

*

Vamos analisar o que acontece no cérebro quando as pessoas se tornam adictas. Para entender a adicção, é importante entender a homeostase. Imagine que em seu sistema de recompensa exista uma balança, como uma gangorra num playground. De maneira simplificada, a balança representa como processamos prazer e sofrimento. Quando a balança está parada, fica paralela ao chão, ou no que os neurocientistas chamam de *homeostase*.

Quando sentimos prazer, a balança inclina-se para um lado. Quando estamos em sofrimento, ela se inclina para o outro.

Prazer                                                      Sofrimento

Várias regras abrangentes governam essa balança. Antes de tudo, e o mais importante, a balança quer ficar nivelada. Em qualquer desvio de neutralidade, nosso cérebro se esforçará para restaurar um equilíbrio. A questão é como.

Em primeiro lugar, nosso cérebro restaura a neutralidade usando uma força igual e oposta a qualquer que tenha sido o estímulo inicial. Gosto de imaginar que são pequenos *gremlins* de neuroadaptação, pulando no lado do sofrimento da minha balança, para que ela volte a ficar equilibrada.

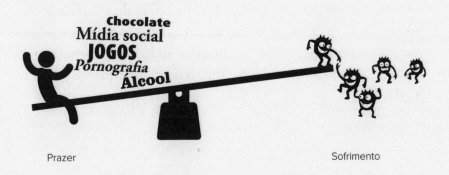

Prazer                                                      Sofrimento

PROBLEMAS | 65

Mas os *gremlins* gostam do contrapeso, então eles não saltam fora assim que ficam nivelados. Eles permanecem ali até que a balança tenha inclinado em uma força igual e oposta no lado do sofrimento.

Prazer — Sofrimento

Esse é o mecanismo de processo opositor, também conhecido como *ressaca, declínio,* ou *aquele momento,* às vezes alheio a nossa percepção consciente de querer consumir nossa droga de escolha mais uma vez. O declínio é que leva à fissura de um novo uso.

Se esperamos tempo suficiente sem voltar ao uso, os *gremlins* descem do lado do sofrimento da balança, e a homeostase é restaurada.

Mas e se não esperamos? E se, em vez disso, continuamos a consumir nossa droga preferida durante horas, dias, semanas, meses ou anos? Então, os *gremlins* começam a se multiplicar, e logo gangues inteiras deles estão acampadas no lado do sofrimento da balança, com barracas, colchões infláveis e churrasqueiras portáteis a reboque.

Prazer — Sofrimento

Entramos no cérebro adicto, tendo efetivamente mudado nosso ponto de ajuste hedônico – ou de alegria – para o lado do sofrimento. Agora precisamos usar a droga não para nos sentirmos bem, mas apenas para deixar de nos sentirmos mal. Quando não estamos usando, vivenciamos os sintomas universais de abstinência de qualquer substância ou comportamento adictivos, ou seja: ansiedade, irritabilidade, insônia, disforia e fissura. O ponto de ajuste hedônico alterado, que os neurocientistas chamam de *alostase*, explica, em parte, por que indivíduos recaem em sua droga de escolha, mesmo quando conseguem observar, racionalmente, que sua vida está melhor sem a droga.

Aqui está uma representação gráfica do mesmo conceito. Quando, inicialmente, nos expomos a substâncias ou comportamentos reforçadores, sentimos algum tipo de recompensa, uma vez que a descarga de dopamina aumenta além da linha de base. Mas não muito depois disso, podemos vivenciar uma queda livre da dopamina, não apenas até a linha de base, mas abaixo dela.

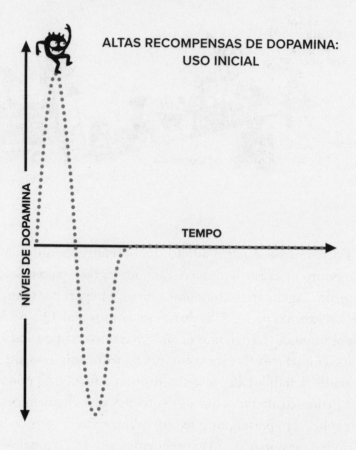

Ao longo do tempo, com a repetida exposição à mesma recompensa (ou a uma recompensa semelhante), a deflexão ascendente inicial da dopamina se atenua e diminui sua duração, ao passo que a reação posterior fica mais forte e dura mais tempo. Isto pode ocorrer, em parte, pela regulação decrescente dos receptores pós-sinápticos de dopamina.

Agora entramos no estado de déficit de dopamina, em que precisamos de uma maior quantidade da nossa "droga", e em formas mais potentes, para conseguir o mesmo efeito (tolerância); quando não a estamos usando, experimentamos uma abstinência física e psicológica que leva ao reuso.

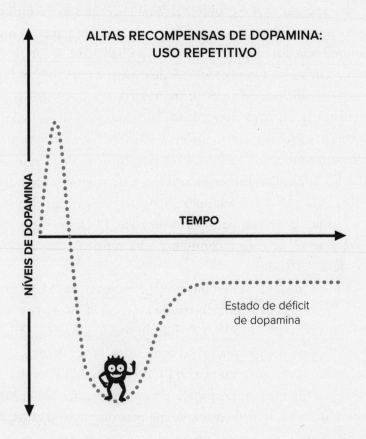

## ▸ O paradoxo da abundância

Antes de passarmos para a próxima etapa, você pode estar se perguntando: *Por que a Mãe Natureza criaria um equilíbrio prazer-sofrimento, que nos leva a sofrer depois do prazer? Trata-se de uma brincadeira cósmica cruel?*

A Mãe Natureza não é cruel, só está um pouco defasada. Esse equilíbrio está perfeitamente adaptado a um mundo de escassez e perigo sempre à vista, que é o mundo que os humanos habitaram na maior parte da nossa existência. Em tal mundo, o fato de nunca estarmos satisfeitos com o que temos, e sempre querermos mais, permitiu-nos sobreviver e nos desenvolver.

Mas aí é que está o problema, já não vivemos nesse mundo. Transformamos o mundo de um lugar de escassez para um lugar de abundância acachapante. O acesso a quantidades, variedades e potencialidades cada vez maiores de drogas e comportamentos reforçadores, inclusive drogas que não existiam antes – mensagens de texto/posts, cigarros eletrônicos/chamadas por vídeo, inalação de concentrados/visitas sequenciais a médicos – transformou-nos a todos em potenciais adictos. O smartphone é o equivalente à agulha hipodérmica, fornecendo dopamina digital a uma geração plugada. Se você ainda não encontrou sua droga, ela logo estará chegando em um site perto de você. O efeito concreto é que precisamos de mais recompensa para sentir prazer, e menos danos para sentir dor.

Como você pode ver na ilustração, meu paciente Max começou aos 17 anos com álcool, cigarros e maconha ("Mary Jane", ou "Maria Joana"). Aos 18, estava cheirando cocaína. Aos 19, mudou para oxicodona e alprazolam. Ao longo dos seus 20 anos, usou Percocet, fentanil, cetamina, LSD, PCP, DXM e MXE, acabando por chegar à Opana (oximorfona), um opioide farmacológico que o levou à heroína, que ele usou até me procurar aos 30 anos. No total, ele passou por catorze drogas diferentes em pouco mais de uma década.

**LINHA DO TEMPO DO USO DE DROGAS**

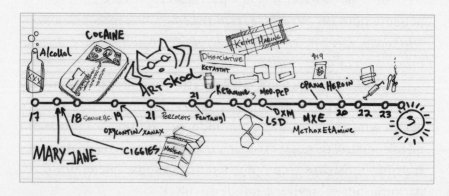

Essa recalibração está ocorrendo não a nível individual, mas também a nível dos países. Taxas de felicidade estão decaindo, enquanto taxas de depressão, ansiedade, dor física e suicídio sobem, especialmente em países com um índice maior de riqueza geral.

Segundo o Relatório Mundial de Felicidade, que classifica 156 países segundo o nível de felicidade em que seus cidadãos se reconhecem, as pessoas que vivem nos Estados Unidos declararam ser menos felizes em 2018 do que o eram em 2008. Outros países com índices comparáveis de riqueza, assistência social e expectativa de vida constataram diminuições semelhantes em suas autorrelatadas pontuações de felicidade, incluindo Bélgica, Canadá, Dinamarca, França, Japão, Nova Zelândia e Itália.

Os pesquisadores entrevistaram quase 150 mil pessoas em 26 países para determinar a prevalência de transtorno de ansiedade generalizado, definido como uma preocupação excessiva e descontrolada que afeta negativamente a vida da pessoa. Eles descobriram que países de alta renda têm maiores taxas de ansiedade do que os de baixa renda. O número de novos casos de depressão no mundo aumentou em 50% entre 1990 e 2017. Os maiores aumentos de novos casos foram constatados em regiões com o maior índice sociodemográfico (renda), especialmente na América do Norte. Países com alta renda têm maior taxa de suicídios do que os com baixa renda. A diferença é especialmente notável para homens.

Os pobres e com baixa escolaridade, principalmente os que vivem em países ricos, são os mais suscetíveis ao problema de consumo excessivo compulsivo. Eles têm fácil acesso a drogas altamente compensatórias, de grande potência e extremamente novas, ao mesmo tempo que lhes falta acesso a um trabalho significativo, moradia segura, educação de qualidade, sistema de saúde acessível e igualdade racial e social perante a lei. Isso cria uma relação perigosa com o risco de adicção.

Os economistas de Princeton Anne Case e Angus Deaton demonstraram que americanos brancos de meia-idade e sem formação universitária estão morrendo mais cedo do que seus pais, avós e bisavós.

As três principais causas de morte desse grupo são overdose por droga, doença hepática relacionada ao álcool e suicídio. Case e Deaton chamaram, corretamente, esse fenômeno de "mortes de desespero".

Nosso consumo excessivo compulsivo põe em risco não apenas nossa vida, como também a de nosso planeta. Os recursos naturais do planeta estão diminuindo rapidamente. Os economistas estimam que, em 2040, o capital natural mundial (terras, florestas, pescas, combustíveis) diminuirá em 21% nos países de alta renda e em 17% nos países de baixa renda em relação ao percentual de hoje. Enquanto isso, emissões de carbono crescerão por volta de 7% nos países de alta renda, e 44% no restante do mundo.

*

Então, vamos lá, hora de encarar nossos próprios *gremlins*. Usando a tabela da página 76, registre a substância ou comportamento que você gostaria de mudar e descreva os problemas causados por essa substância ou por esse comportamento na coluna correspondente. Você notará que a segunda coluna, "Neuroadaptação", refere-se a tolerância, abstinência e fissura, ou simplesmente à distância entre resultado e expectativas que já analisamos. Outras categorias comuns de dificuldade incluem relacionamento, trabalho, finanças, saúde e problemas baseados em valores ou espirituais.

Por exemplo, tive problemas com a leitura compulsiva de romances açucarados e uma preocupação codependente com meus filhos. Nos dois casos, desenvolvi tolerância, precisando, com o tempo, de formas mais potentes para obter o mesmo efeito, e vivenciei problemas de relacionamento, trabalho e saúde. No caso dos romances baratos, progredi com o tempo, passando de ler sobre vampiros adolescentes a livros dos quais me envergonhava e que mantinha escondidos. Eu lia em vez de passar tempo com a família, lia em vez de dormir, e a certa altura até levei um romance para o trabalho, lendo-o nos dez minutos entre os pacientes. Minha preocupação excessiva com os filhos também causou problemas significativos, tais como afastar a minha família com reclamações constantes e indo contra os meus princípios ao ler o diário da minha filha. (Mais à frente, vamos falar sobre o que acontece quando quebramos a confiança com aqueles que amamos, e o que fazer a respeito.)

## EXERCÍCIO INTERATIVO

## Explorando problemas associados ao uso

(Exemplo: Anna)

| Substância ou comportamento | Neuroadaptação: tolerância, abstinência, fissura | Problemas de relacionamento | Problemas no trabalho | Problemas financeiros | Problemas de saúde | Problemas espirituais e de valores |
|---|---|---|---|---|---|---|
| Ler romances baratos | Precisar de mais imagens gráficas, com o tempo, para obter o mesmo efeito. Descobrir que vivenciei menos alegria em outras coisas que costumavam me dar prazer | Não passar tempo, ou estar presente com marido, filhos, amigos | Comecei a levar romances baratos para o trabalho, e ler entre as consultas, portanto não focando nos pacientes | | Não dormir o suficiente por ficar lendo até tarde | Ler livros dos quais me envergonhava, e escondê-los das outras pessoas |
| Preocupar-me com meus filhos | Descobrir coisas com que me preocupar, mesmo quando tudo vai bem, e me sentir vazia quando não me preocupo | Irritar pessoas com minhas constantes preocupações e reclamações | | | | Ler o diário particular da minha filha por estar preocupada com a saúde dela e achar que ali encontraria a resposta |

Meu paciente Riley lutou contra o consumo excessivo de mídia digital, como YouTube, Netflix, podcasts e daí por diante, e notou que seu comportamento contribuiu para mais oscilações de humor, algumas atitudes impróprias com amigos, procrastinação (como deixar de marcar uma consulta médica necessária) e estar menos aberto para receber ajuda de outras pessoas.

### EXERCÍCIO INTERATIVO

## Explorando problemas associados ao uso

(Exemplo: Riley)

| Substância ou comportamento | Neuroadaptação: tolerância, abstinência, fissura | Problemas de relacionamento | Problemas no trabalho | Problemas financeiros | Problemas de saúde | Problemas espirituais e de valores |
|---|---|---|---|---|---|---|
| Entretenimento digital | A vida não flui como antes. Muitas oscilações de humor | Sou irritante com os outros/faltam limites | | | Deixei de marcar consultas de rotina com médicos e *checkups* | Estou tentando ser a única fonte de soluções em vez de receber ajuda dos outros |

Refletindo sobre seu vício em exercício, meu paciente Andy observou a seguinte neuroadaptação: "Os ganhos musculares e a resistência estabilizaram-se e se enfraqueceram. Precisava me exercitar mais para obter o mesmo resultado. Ansiava pela sensação de exaustão e relaxamento depois de um máximo de esforço físico". Ele também observou problemas de relacionamento causados pela preocupação de amigos e família com as constantes lesões, bem como problemas no trabalho causados pelo excesso de exercícios que o fazia chegar atrasado ao escritório. Ele incorreu em problemas financeiros causados por custos significativos resultantes de todas as lesões, filiações a academias e terapia. Achei especialmente perspicaz sua descrição de problemas espirituais e baseados em valores relacionados ao exercício excessivo compulsivo: "Mentir para encobrir a quantidade de tempo e de esforço com que me exercito. Comportamento autocentrado, narcisista. Diminuição do interesse em muitos outros aspectos da vida".

# EXERCÍCIO INTERATIVO

## Explorando problemas associados ao uso

### (Exemplo: Andy)

| Substância ou comportamento | Neuroa-adaptação: tolerância, abstinência, fissura | Problemas de relacionamento | Problemas no trabalho | Problemas financeiros | Problemas de saúde | Problemas espirituais e de valores |
|---|---|---|---|---|---|---|
| Exercício excessivo compulsivo | Os ganhos musculares e a resistência estabilizaram-se e se enfraqueceram. Precisei me exercitar mais para conseguir o mesmo resultado. Ansiava pela sensação de exaustão e relaxamento depois de um máximo de esforço. Precisei de mais exercício para ter a sensação. O exercício excessivo compulsivo permite que eu coma uma tonelada de comida, levando a um ciclo de me exercitar mais, para comer mais e ansiar por mais comida | Amigos e família preocupados por eu forçar demais o meu físico, levando a lesão | Chegar tarde no escritório, e exausto por me exercitar tempo demais | Dinheiro para filiação em academia. Custo de lesão médica. Custo de terapia | Lesões na perna e ombro e saúde mental prejudicada | Mentir para encobrir a quantidade de tempo e de esforço com que me exercito. Comportamento autocentrado. Diminuição do interesse em muitos outros aspectos da vida |

Ao preencher esta tabela interativa, lembre-se de ser o mais honesto possível, mas também compassivo consigo mesmo. Não se julgue, nem julgue as suas ações. Estamos todos no meio do rodamoinho.

## EXERCÍCIO INTERATIVO

## Explorando problemas associados ao uso

| Substância ou comportamento | Neuroadaptação: tolerância, abstinência, fissura | Problemas de relacionamento | Problemas no trabalho | Problemas financeiros | Problemas de saúde | Problemas espirituais e de valores |
|---|---|---|---|---|---|---|
| | | | | | | |

\*

Chegamos ao fim de nosso capítulo "*P* é para problemas". Bom trabalho! Vamos reservar um momento para resumir o que fizemos até aqui.

## RECAPITULANDO

- Analisamos o que acontece no cérebro com o uso repetido de substâncias e comportamentos reforçadores, a saber, tolerância, abstinência e fissura. Essas mudanças cerebrais, chamadas de *neuroadaptação*, levam a um estado de déficit de dopamina, a uma desregulação da homeostase que muda nosso ponto de ajuste hedônico a tal ponto que nos tornamos mais sensíveis à dor, e precisamos de formas mais potentes de prazer para chegar a sentir algum prazer.

- Partimos da hipótese de que a superabundância, por si só, é um estressor fisiológico dos tempos modernos, contribuindo para uma ascensão da infelicidade e índices crescentes de depressão, ansiedade e suicídio. Apelidamos esse fenômeno de Paradoxo do Prazer.

- Observamos como a cultura da droga na vida moderna afeta, especialmente, as pessoas pobres que vivem em países ricos, com acesso a todo tipo de substâncias e comportamentos altamente reforçadores, sem um acesso comparável a recompensas adaptativas como ar puro, comida saudável e trabalho significativo.

- Também analisamos como nosso consumo excessivo está prejudicando nosso planeta.

*

Agora que acabamos de explorar Dados, Objetivos e Problemas, é hora de voltar nossa atenção para o que faremos a respeito. A melhor maneira de entender qualquer sistema biológico e mudar uma variável nesse sistema é ver o que acontece. Lá vamos nós.

CAPÍTULO 4

# Abstinência (e ascetismo)

 = Dados
 = Objetivos
 = Problemas
 = **Abstinência (e ascetismo)**
 = Mindfulness (atenção plena)
 = Insight (e honestidade radical)
 = Novos passos
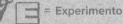 = Experimento

O *A*, em DOPAMINE significa *abstinência*, também conhecida como jejum de dopamina. O jejum de dopamina envolve eliminar nossa substância ou nosso comportamento de escolha, por um período longo o suficiente para restaurar sistemas e voltar a níveis saudáveis de liberação de dopamina. Ao interromper o ciclo de intoxicação e abstinência, temos uma boa chance de melhorar nosso humor e nossa sensação geral de bem-estar, tirando prazer de outras recompensas mais simples e entendendo o verdadeiro impacto do consumo em nossa vida.

Você se lembra do meu jovem paciente Justin, que voltou um mês depois de ter largado os videogames, contando se sentir menos ansioso e menos deprimido? Ele relatou estar novamente interessado nas aulas da faculdade. Ao reconfigurar seu sistema de recompensa, outras atividades recuperaram seu atrativo, fenômeno às vezes chamado pelos cientistas de *saliência*.

Mas antes de explorarmos o jejum de dopamina, alguns avisos. Um jejum de dopamina não deve ser feito por indivíduos que corram risco de vida com a abstinência, por exemplo, aqueles severamente dependentes de álcool, benzodiazepinas (alprazolam, clonazepam, diazepam) ou opioides (hidrocodona, oxicodona, heroína), casos em que, por favor, consulte um profissional para uma abstinência monitorada por médicos. Para as pessoas com profunda dependência fisiológica, com o cérebro tão amplamente alterado pela neuroadaptação (os *gremlins* que se acumulam no lado do sofrimento da balança) que a súbita retirada da droga possa levar a um distúrbio fisiológico (frequência cardíaca errática, respiração lenta ou acelerada, temperatura elevada ou baixa, pressão sanguínea alta ou baixa, convulsões e morte): pare aqui e consulte um médico.

Mesmo no caso de não haver risco de vida com a abstinência, algumas pessoas tornaram-se tão adictos que não conseguem parar, mesmo querendo. O cérebro humano pode confundir a necessidade de uma droga com a sobrevivência. Alguns sacrificarão tudo o que têm pela droga, mesmo sob o risco de morte. Isto não é o equivalente à vontade de morrer. Muitas pessoas com dependência severa querem desesperadamente viver, só não conseguem deixar de usar a droga. Tais indivíduos, repito, deveriam consultar um profissional da saúde especializado em adicção para um aconselhamento*.

Dito isso, estamos prontos para começar. Este capítulo é maior do que os outros e será dividido em três partes (1) planejando o jejum de dopamina, (2) autorrestrição, e (3) ascetismo, também conhecido como *hormese*.

### ▶ Planejando o jejum de dopamina

Em primeiro lugar, por quanto tempo devemos nos abster de nossa droga de escolha?

---

\* Em casos de severa dependência fisiológica de um medicamento, o indivíduo pode precisar diminuí-lo gradativamente, em vez de largá-lo de imediato. Ou pode precisar tomar uma forma de droga sancionada por médicos. Por exemplo, opioides de ação prolongada, como metadona e buprenorfina, são tratamentos baseados em evidências para adicção severa a opioides. Eles funcionam nivelando o equilíbrio prazer-sofrimento para aliviar a retirada e a fissura, de modo que o indivíduo possa se dedicar a outros aspectos da recuperação. Esses medicamentos podem salvar vidas e deveriam ser prescritos a indivíduos específicos.

Para indivíduos com condições seguras para parar com sua substância ou comportamento, recomendo quatro semanas de abstinência. Por que quatro semanas? A maioria das pessoas pode se habituar em quatro semanas. Não é um período muito intimidador. Além disto, a experiência diz que se leva uma média de quatro semanas para que aqueles *gremlins* da neuroadaptação desçam da balança e a homeostase seja restaurada. Um prazo inferior a quatro semanas resultará em todo o sofrimento da abstinência, sem os benefícios da recuperação.

Esta não é uma ideia nova, de jeito nenhum. Há milênios as pessoas sabem que é saudável se abster de uma substância ou de um comportamento por um determinado período. Provavelmente, não é coincidência que as religiões mais importantes do mundo incorporem um período de jejum de aproximadamente um mês por ano.

Um jejum de quatro semanas também é respaldado por pesquisa científica. A neurocientista Nora Volkow e seus colegas analisaram a transmissão de dopamina no cérebro de pessoas saudáveis comparada a pessoas dependentes de drogas variadas. A diferença é notável. Nas imagens de controle, há uma transmissão abundante de dopamina. Nas imagens cerebrais de pessoas adictas, há pouca ou nenhuma transmissão de dopamina, o que pode resultar em depressão clínica, ansiedade, transtorno de déficit de atenção, ou qualquer outro estado psicológico negativo. É de se notar que esses indivíduos abriram mão de suas drogas duas semanas antes das imagens serem registradas, sugerindo que o estado de déficit de dopamina criado pelo uso intenso de droga persiste por, no mínimo, duas semanas após o uso ser interrompido. Ainda não temos estudos de imagem comparáveis de quando os níveis básicos saudáveis de dopamina são restaurados, mas a experiência clínica sugere que a fase mais difícil vai de 10 a 14 dias depois da interrupção, com melhoras lentas, mas constantes, no bem-estar subjetivo na terceira e na quarta semanas.

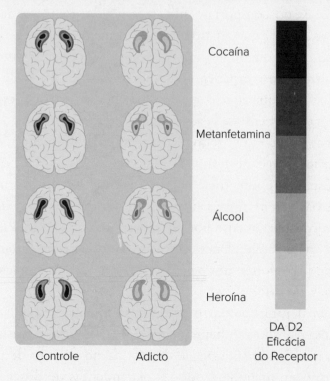

**RECEPTORES D2 DE DOPAMINA SÃO MAIS BAIXOS NA ADICÇÃO**

Cocaína
Metanfetamina
Álcool
Heroína

DA D2 Eficácia do Receptor

Controle    Adicto

Outro experimento feito pelo psicólogo Marc Schuckit e seus colegas observou um grupo de homens que ingeria grandes quantidades de álcool diariamente, e também correspondia aos critérios de depressão clínica, ou o que é chamado de *transtorno depressivo maior*. No estudo de Schuckit, os homens deprimidos estiveram no hospital por quatro semanas, durante as quais não receberam tratamento para depressão a não ser parar com o álcool. Após um mês sem beber, 80% deles já não correspondia aos critérios para depressão clínica.

Essa descoberta sugere que, para a maioria, a depressão clínica era resultado de excesso de bebidas, e não o contrário. É claro que existem outras explicações possíveis para esses resultados: o meio terapêutico do ambiente hospitalar, a remissão espontânea da depressão, a natureza episódica da depressão, que pode ir e vir independentemente de fatores externos. Mas a descoberta é notável, considerando que tratamentos padrão para depressão, seja com medicamentos, seja com psicoterapia, têm um índice de resposta de 50%.

Esses estudos, juntamente com minhas mais de duas décadas de experiência clínica, são consistentes com uma recomendação de, pelo menos, quatro semanas de abstinência. É claro que não estou dizendo que a adicção se cura em quatro semanas, mas, com frequência, é só depois de reajustar os sistemas de recompensa e restaurar o nível básico da transmissão de dopamina que podemos começar o trabalho contínuo e de longo prazo da recuperação.

Tendo feito o possível para convencê-lo a se abster da sua droga de escolha por, no mínimo, quatro semanas, quero deixar claro que se você não conseguir completar as quatro semanas, até um jejum mais curto de dopamina pode ser instrutivo. Provavelmente, menos de quatro semanas não será suficiente para restaurar a linha de base da dopamina, mas pode ser o bastante para você perceber o quanto se tornou dependente. Muitos pacientes me contam que não tinham percebido que eram adictos a uma substância ou a um comportamento até tentar parar com aquilo e ver o quanto era difícil. Às vezes, a dor da abstinência pode proporcionar um momento de revelação, que cria a motivação para um jejum mais prolongado.

Você saberá que está voltando a níveis mais saudáveis de descarga de dopamina quando os sintomas universais da abstinência – ansiedade, irritabilidade, insônia, depressão e fissura – começam a diminuir. Você, então conseguirá sentir prazer em recompensas mais modestas, especialmente nas coisas de que costumava gostar antes que o comportamento compulsivo tomasse a dianteira.

Com frequência, os pacientes perguntam: "Por que largar é melhor do que diminuir?". Minha resposta é: diminuir parece mais difícil do que largar, baseado em pesquisa publicada e na minha própria experiência com pacientes, e pode não dar ao cérebro a chance de reconfigurar os sistemas de recompensa.

*

Quando devemos dar início a nosso jejum de dopamina? Para potencializar nossas chances de sucesso, deveríamos escolher um dia no futuro próximo e nos planejar para isso. Talvez escolher uma data que tenha um significado especial, como um aniversário ou uma celebração. No caso de um aplicativo de mídia social, informe sua rede que você estará fora por um período e forneça outras maneiras de contato. Conversar com amigos e pessoas queridas será muito importante quando você estiver no jejum de dopamina, então descubra maneiras de manter essa conexão sem que o próprio meio seja um gatilho para você usar mais. Por exemplo, sempre que possível, tente fazer um encontro ao vivo, mas se isso não for uma opção na vida real, considere uma maneira de interagir sem imagem, como uma antiga chamada telefônica sem qualquer imagem cintilante. Descobri que apenas ouvir, sem ver, permite que minha mente se acomode e se concentre no conteúdo da conversa. Nos casos em que for importante ver a pessoa num aparelho digital, tenha certeza de não estar tentando se entregar a multitarefas, mas, sim, realmente focando na pessoa, ou pessoas, à sua frente. Você pode conseguir isso sentando a alguma distância da tela, fechando outros aplicativos e janelas e tentando sincronizar a sua respiração com a pessoa com a qual está falando, e quem sabe ela faça a mesma coisa.

Planeje outras atividades saudáveis das quais possa participar, uma vez que muito provavelmente você se verá com bastante tempo disponível. Aprofundaremos isto mais tarde, com inúmeros exemplos, quando falarmos sobre hormese.

E lembre-se, você se sentirá pior antes de se sentir melhor. Os primeiros 10 a 14 dias podem ser brutais. A maioria das pessoas experimenta uma significativa aflição psicológica de vários níveis ao parar qualquer substância ou comportamento, incluindo ansiedade, irritabilidade, insônia, inquietação, depressão e fissura, que podem se manifestar com o nosso cérebro nos dizendo todos os motivos pelos quais deveríamos retomar o uso, ainda que tenhamos nos comprometido a não fazê-lo. No capítulo 5, sobre mindfulness, nós de fato nos aprofundamos no aspecto da fissura. A abstinência, inclusive quando se abre mão de comportamentos adictivos, também é frequentemente caracterizada por sinais e sintomas. Tive pacientes que descreveram tonturas, dores de cabeça, dores de estômago, formigamento e mais, quando deixaram a mídia social, videogames, jogatinas e outras compulsões semelhantes. É claro que a abstinência de drogas e álcool tem, em cada caso, seu próprio perfil clássico de sintomas físicos.

Mas seja paciente. O sol voltará a brilhar, e vale a pena esperar.

Provavelmente você pensou em mais de uma substância ou comportamento que gostaria de mudar, mas sugiro focar apenas no que for mais problemático. Ao focar em uma coisa por vez, você pode concentrar sua intenção e otimizar seu sucesso. Mais tarde, você pode voltar e repetir a estratégia para outra substância ou comportamento. Dito isto, às vezes faz sentido enfrentar, ao mesmo tempo múltiplos comportamentos ou substâncias, principalmente se uma, sem dúvida leva a outra, algo a que chamo de *efeito trampolim*. Por exemplo, percebi que ouvir música pop, a maioria das quais é sobre amor, me dava desejos viscerais de ler romances baratos. Sendo assim, parte da minha jornada de abstinência significou, pelo menos no início, limitar minha exposição a música pop. Quando falarmos sobre autorrestrição, exploraremos a fundo gatilhos para fissuras.

Por enquanto, na tabela da página 90, anote a substância ou o comportamento com que você gostaria de parar e quando poderia ser uma data para isso, bem como o tempo que planeja se abster. Também antecipe alguns dos sintomas de abstinência que provavelmente experimentará nos primeiros 10 a 14 dias do jejum.

Por exemplo, decidi fazer um jejum de dopamina dos romances baratos por quatro semanas, e antevi me sentindo entediada, ansiosa e incapaz de pegar no sono. Todos os sintomas de abstinência que antecipei passaram, mas me surpreendi com o quanto eles foram intensos, especialmente à noite, quando normalmente eu leria e agora não mais. Tinha desaprendido a arte de adormecer sem meus comportamentos compulsivos.

### EXERCÍCIO INTERATIVO
## Antecipando uma data de parada
(Exemplo: Anna)

| Substância ou comportamento | Data prevista de parada | Duração prevista do jejum | Sintomas previstos de abstinência |
|---|---|---|---|
| Romances baratos | Segunda-feira, meu aniversário | Quatro semanas | Tédio, ansiedade, insônia |

Riley decidiu largar todas as formas de entretenimento digital por quatro semanas e esperava se sentir "incomodado, com tédio, solidão e ansiedade".

### EXERCÍCIO INTERATIVO
## Antecipando uma data de parada

(Exemplo: Riley)

| Substância ou comportamento | Data prevista de parada | Duração prevista do jejum | Sintomas previstos de abstinência |
|---|---|---|---|
| Entretenimento digital | 16 de agosto (um mês antes do início do semestre da nova faculdade) | Quatro semanas | Me sentir incomodado, com tédio, solidão, ansiedade |

Andy decidiu se abster de "exercícios, exceto caminhadas e percursos leves de bicicleta" durante 30 dias. Seu compromisso específico foi ficar longe da academia e dos aparelhos de exercício que provocaram suas lesões. Antecipou "agitação mental/emocional por sentir que preciso fazer mais ou ficarei fora de forma".

### EXERCÍCIO INTERATIVO

## Antecipando uma data de parada

(Exemplo: Andy)

| Substância ou comportamento | Data prevista de parada | Duração prevista do jejum | Sintomas previstos de abstinência |
|---|---|---|---|
| Exercitar-me em excesso a ponto de lesão física | 18 de dezembro | 30 dias (abster de todo exercício, exceto caminhada e percursos leves de bicicleta) | Agitação mental/emocional por sentir que preciso fazer mais ou ficarei fora de forma |

Agora é a sua vez. Use a tabela interativa a seguir para planejar seu jejum de dopamina.

## EXERCÍCIO INTERATIVO

## Antecipando uma data de parada

| Substância ou comportamento | Data prevista de parada | Duração prevista do jejum | Sintomas previstos de abstinência |
|---|---|---|---|
| | | | |

## ▸ Autocomprometimento

Que tal algumas estratégicas específicas que podemos utilizar para otimizar nossas chances de sucesso?

Antes de tudo, é importante reconhecer que não podemos confiar apenas na força de vontade. Ela não é um recurso infinito. Parece diminuir ao longo das horas, estando no patamar mais baixo no final do dia, e com frequência é insuficiente para nos ajudar a resistir a nossa substância ou atitude de escolha, uma vez que ela surge à nossa frente.

Além disso, em nosso mundo saturado de dopamina, não temos que sair à procura de drogas, elas nos perseguem. Pense em todas as notificações de aplicativos e outras formas de marketing e promoções a que somos expostos todos os dias, incitando-nos a consumir, consumir e consumir.

O autocomprometimento é a arte de criar barreiras literais e metacognitivas entre nós mesmos e nossa droga de escolha, de modo a não estarmos constantemente sendo impelidos a usá-la, e assim podermos apertar o botão de pausa entre desejo e consumo.

Um exemplo de autocomprometimento é o personagem Ulisses, em *Odisseia*, de Homero.

Ulisses estava navegando para casa com sua tripulação, após a Guerra de Troia, quando precisou imaginar um método para resistir às sirenas, aquelas criaturas meio-mulher, meio-pássaro, cujo canto tinha um feitiço que atraía os marinheiros para a morte nos rochedos das ilhas próximas. A única maneira de um marinheiro passar incólume pelas sirenas era não ouvindo o seu canto. Ulisses ordenou que sua tripulação pusesse cera de abelha nos ouvidos para bloquear a audição. A cera de abelha é uma forma de autocomprometimento.

Para si próprio, pediu à tripulação que o amarrasse ao mastro do veleiro, apertando o nó ainda mais, caso ele implorasse para ser solto ou tentasse se libertar. Ulisses queria ouvir o canto para poder contar aos outros mais tarde, mas não queria ser atraído para a morte.

Como esse famoso mito grego ilustra, para resistir à tentação, temos que avaliar nossas limitações de autocontrole e nos restringir por antecipação. Agrupei o autocomprometimento em três amplas estratégias: *Cronologia (Tempo)*, *Geografia (Espaço)* e *Categoria (Significado)*, mas provavelmente existem muitas outras categorias e muitas outras maneiras de refletir sobre esse conceito. Mas vamos começar com essas três.

\*

A **autocomprometimento cronológico** é uma maneira de impulsionar o tempo para nos ajudar a nos abster.

O jejum de dopamina é um exemplo do uso da cronologia para limitar nosso consumo. No jejum de dopamina, nos comprometemos a nos abster de nossa droga de escolha por um determinado período. Simplesmente sabendo que existe uma data para acabar, o comprometimento fica mais fácil.

Quatro semanas pode parecer um tempo longo, até que você o avalie no escopo mais amplo da sua vida. Reflita sobre há quanto tempo você está envolvido nesse comportamento em relação ao período que planeja jejuar. Provavelmente, é uma pequena fração de todo o tempo em que anda se comportando assim. Olhe novamente o Cronograma da Dopamina que preencheu no Capítulo 1, de *D* é para *dados*. No mesmo gráfico, preencha as datas do seu planejado jejum. Agora, compare esse período com todo o tempo em que você andou usando sua droga de escolha e repare o quanto o seu jejum planejado é curto em relação ao resto.

\*

O **autocomprometimento geográfico** cria, literalmente, espaço entre nós e nossa droga de escolha. Ao aumentar a distância que precisamos percorrer ou o trabalho que precisamos fazer para obter nossa recompensa, podemos reduzir os gatilhos para o uso e nos proporcionar aquele tantinho extra de tempo para lembrar nossas intenções originais.

Aqui estão alguns exemplos de autocomprometimento geográfico relatados pelos meus pacientes:

- "Desliguei a minha TV e coloquei-a dentro do armário."

- "Levei o console do videogame para a garagem."

- "Não uso cartão de crédito, só dinheiro vivo."

- "Ligo antes para os hotéis e peço para tirarem o minibar e a televisão do quarto."

- "Me livrei do meu Kindle e do fácil acesso a livros."

- "Apaguei do celular Snapchat, Instagram, TikTok, WhatsApp etc."

- "Coloquei meu iPad em um cofre no banco."

- "Pedi para minha companheira definir a senha do aplicativo de limite de tempo no celular, assim eu não posso desativá-lo."

Frequentemente, tenho a compulsão de checar emails, algo que justifico para mim mesma como sendo uma necessidade profissional, mas a extensão com que faço isso não se justifica pelas exigências do trabalho. Chego a interromper um fluxo de trabalho por causa da checagem de emails. Na tabela interativa a seguir, listo três exemplos de autocomprometimento geográfico para ajudar com esse problema: (1) Fechar totalmente meu programa de emails, de modo que checar emails exija reabrir o programa, criando um tempo de espera; (2) Arrumar um segundo laptop para o trabalho, sem acesso a email; e (3) Desconectar meu computador do Wi-Fi, de modo a não transmitir nem receber mensagens.

## EXERCÍCIO INTERATIVO

## Autocomprometimento geográfico

### (Exemplo: Anna)

| Substância ou comportamento | Barreira geográfica 1 | Barreira geográfica 2 | Barreira geográfica 3 |
|---|---|---|---|
| Checagem compulsiva de emails que interfere no fluxo de trabalho | Fechar totalmente meu programa de email, de modo que checar emails exija reabrir o programa, criando um tempo de espera | Arrumar um segundo laptop para o trabalho, sem acesso a email | Desconectar meu computador do Wi-Fi, de modo a não transmitir nem receber mensagens |

Meu paciente Riley, esforçando-se para limitar o entretenimento digital, "comprou um celular com uma tela menor", "só baixou apps essenciais" e às vezes saiu de casa sem o celular.

## EXERCÍCIO INTERATIVO

## Autocomprometimento geográfico

### (Exemplo: Riley)

| Substância ou comportamento | Barreira geográfica 1 | Barreira geográfica 2 | Barreira geográfica 3 |
|---|---|---|---|
| Entretenimento digital no meu celular | Comprei um celular com uma tela menor | Só baixei apps essenciais | Saí sem o celular |

Andy, que estava se exercitando excessivamente a ponto de prejuízo físico, deixou de frequentar a academia, o que também significou "evitar pessoas com o mesmo tipo de mentalidade e hábito de se exercitar excessivamente". Frequentemente, para que o jejum de dopamina tenha sucesso, é crucial evitar pessoas envolvidas no tipo de comportamento que estamos tentando evitar. Isto pode se somar à nossa tristeza nos primeiros estágios, uma vez que lamentamos a perda dos relacionamentos que se reforçavam pelos interesses comuns, bem como a perda da própria substância ou do comportamento. Às vezes, o contato com esse grupo social pode ser retomado após o final do jejum de dopamina, quando estivermos mais sólidos em nossa recuperação.

## EXERCÍCIO INTERATIVO

### Autocomprometimento geográfico

(Exemplo: Andy)

| Substância ou comportamento | Barreira geográfica 1 | Barreira geográfica 2 | Barreira geográfica 3 |
|---|---|---|---|
| Excesso de exercícios a ponto de prejuízo físico | Deixei uma academia cheia de pessoas com a mesma mentalidade e hábito de se exercitar excessivamente | Abstive-me de todos os exercícios, exceto caminhada e percursos leves de bicicleta | Encontrar namorada depois de me exercitar para me manter responsável quanto ao limite de tempo |

Agora, enumere algumas maneiras de usar a geografia para criar uma distância entre si mesmo e sua específica busca de dopamina.

## EXERCÍCIO INTERATIVO

# Autocomprometimento geográfico

| Substância ou comportamento | Barreira geográfica 1 | Barreira geográfica 2 | Barreira geográfica 3 |
| --- | --- | --- | --- |
| | | | |

O **autocomprometimento categórico** é uma maneira de usar significado para limitar nosso consumo. Em outras palavras, considerar o propósito de usar uma substância ou atitude específica e perguntar a si mesmo como esse uso se alinha com seus objetivos e valores.

Esse método é especialmente útil para impedir ou evitar gatilhos. Também é útil para fantasias e pensamentos adictivos que vivem dentro do nosso cérebro, e sendo assim não podem ser geograficamente realocados.

Como um paciente com adicção sexual me disse: "O impedimento está dentro do meu cérebro".

Pegando emprestado os ensinamentos dos grupos dos 12 passos, uma boa maneira de pensar a respeito é imaginar círculos concêntricos, representando comportamentos que você queira evitar e aqueles dos quais você quer se aproximar.

O círculo central representa nossa droga de escolha, da qual pretendemos nos abster durante o jejum de dopamina, e com a qual esperamos ter uma relação mais saudável daqui para a frente.

O círculo do meio representa as substâncias ou comportamentos que deveríamos evitar porque nos incitam a querer nossa droga de escolha, mas não representam a própria droga (ver o aprendizado "dependente de sinais" de Pavlov).

O círculo externo representa estratégias mais saudáveis para resistir, que podemos empregar no exato momento em que temos o desejo de uso. Essas são as escolhas e comportamentos que nos resgatam sem incitação. Temos que tomar cuidado para não substituir uma recompensa de alta dopamina por outra, como substituir Netflix por cupcakes. Em primeiro lugar, essa prática pode interferir em sua capacidade de reajustar sistemas de recompensa, o que é essencial para todo o processo de quebra do ciclo de consumo excessivo compulsivo. Em segundo lugar, essa prática nos coloca em risco de ficar dependentes da recompensa substituta, também conhecida como *adicção cruzada*. Esse círculo representa os tipos de comportamento que mais queremos em nossa vida, o que deveríamos estar buscando, não evitando.

Por exemplo, meu paciente Justin, brevemente citado no começo deste workbook, que consumia compulsivamente videogames, pôs os videogames no círculo interno, vídeos de YouTube de pessoas jogando videogames no segundo círculo (porque isso o fazia desejar videogames), e brincar com seu cachorro, sair para caminhar, voltar para a faculdade, formar-se em ciência da computação e dedicar-se aos estudos em seu círculo externo.

#### EXERCÍCIO INTERATIVO
## A abordagem do evitamento:
## Círculos concêntricos de recuperação
(Exemplo: Justin)

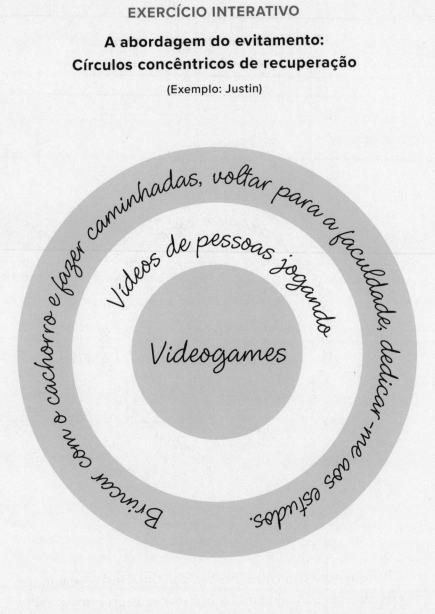

No meu caso, pus preocupações compulsivas e repetitivas com os meus filhos no círculo interno, acessar o Google ou usar a Internet para pesquisar compulsivamente essas respectivas preocupações no meu círculo do meio, e passar tempo com meus filhos sem tentar administrar a vida deles, no meu círculo externo.

**EXERCÍCIO INTERATIVO**

## A abordagem do evitamento:
## Círculos concêntricos de recuperação

(Exemplo: Anna)

Por que você não tenta? No exercício interativo a seguir, use os três círculos para ajudar a conceituar seus próprios círculos concêntricos de recuperação.

**EXERCÍCIO INTERATIVO**

# A abordagem do evitamento:
# Círculos concêntricos de recuperação

\*

Vamos limitar nosso foco ao segundo círculo dos círculos concêntricos de recuperação. Reserve um momento para pensar profundamente nesses gatilhos internos e externos dos seus comportamentos compulsivos. Um jejum de dopamina bem-sucedido deve também incluir a distância de pessoas, lugares e coisas que lembrem nossa droga de escolha. Esses estímulos sem droga podem liberar dopamina no sistema de recompensa de nosso cérebro, e assim acionar a mesma cascata de desejo, abstinência e fissura desencadeada pela própria droga. No mundo da neurociência, isso é chamado de *aprendizado dependente de sinais*, também conhecido como *condicionamento clássico* (Pavloviano).

Ivan Pavlov, que ganhou o Prêmio Nobel em Fisiologia ou Medicina em 1904, demonstrou que os cães salivam por reflexo, quando lhes é apresentado um pedaço de carne. Quando a apresentação da carne é consistentemente associada ao som de uma campainha, os cães salivam ao ouvir a campainha, mesmo que nenhuma carne esteja imediatamente acessível. A interpretação é de que os cães aprenderam a associar o pedaço de carne, uma recompensa natural, à campainha, um sinal condicionado.

O que está acontecendo no cérebro? Ao inserir um sensor de detecção no cérebro de um rato, os neurocientistas conseguiram demonstrar que a dopamina é liberada não apenas em resposta à droga, mas também em reação a lembretes, ou sugestões, da droga.

A imagem a seguir mostra como os níveis de dopamina aumentam acima da linha básica no cérebro de um rato, quando ele vê uma luz que prevê a entrega de cocaína com o aperto de um botão.

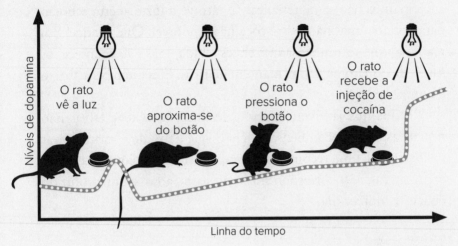

Mas veja o que acontece depois que o rato vê a luz. Os níveis de dopamina diminuem, não apenas para a linha de base, mas abaixo dela. Esse mini estado de déficit de dopamina cria a fissura e a aflição que motiva o rato a realizar o trabalho para obter a recompensa, nesse caso pressionando o botão para cocaína.

É claro que a própria cocaína provoca um aumento muito maior nos níveis de dopamina do que a sugestão da droga, mas o fundamental aqui é que a sugestão para a droga desencadeou seu próprio ciclo de intoxicação e abstinência. Meu colega Rob Malenka, um neurocientista, me disse uma vez que "a medida do quanto um animal de laboratório está dependente resume-se a quanto aquele animal está disposto a se esforçar para obter sua droga, pressionando uma alavanca, andando por um labirinto, subindo uma rampa". Descobri que o mesmo se aplica para os humanos.

Na verdade, alguns dos seres humanos mais empenhados que conheci são pessoas com adicção em busca da sua droga. Sem mencionar que todo o ciclo de antecipação e desejo pode ocorrer fora do limiar da percepção consciente, tornando muito mais difícil de lidar.

O que acontece em um cenário em que a recompensa que antecipamos não se materializa? O rato vê a luz e aperta o botão para cocaína, mas não existe cocaína disponível. Que chatice! Em reação a uma recompensa que era esperada, mas não acontece, os níveis de dopamina não se mantêm neutros. Eles caem bem abaixo da linha de base.

Todos nós já vivenciamos a desilusão de expectativas não realizadas. Uma recompensa esperada que deixa de se materializar é pior do que uma recompensa não prevista. Isto acontece porque expectativas não correspondidas são associadas a um profundo déficit de dopamina.

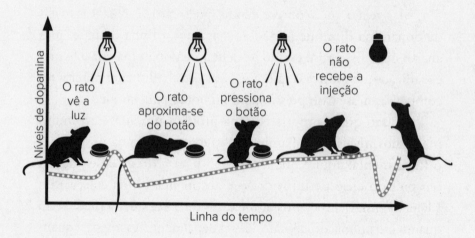

Às vezes, esse tipo de decepção é o suficiente para nos deixar desanimados de buscar aquela substância ou repetir aquela atividade. Mas, em outros casos, uma recompensa esperada que não se materializa pode impulsionar uma busca incessante pela droga, num esforço para recriar a exaltação original.

Talvez esse fenômeno seja mais bem ilustrado por jogadores patológicos.

Estudos indicam que a descarga de dopamina como resultada de jogatinas patológicas está associada à imprevisibilidade da entrega de recompensa, mais do que à própria recompensa final (com frequência monetária).

Meus pacientes com adicção em jogo, me contaram que, enquanto estão jogando, parte deles *quer* perder porque as perdas justificam a continuidade do jogo, e induz a uma exaltação maior quando ganham. Esse fenômeno é chamado de *perseguição de perdas*. Num estudo de 2010, Jakob Linnet e seus colegas mediram a liberação de dopamina em pessoas dependentes de jogos de azar e nas que tinham controles saudáveis ao ganhar e perder dinheiro. Não houve diferenças entre os dois grupos quando ganhavam dinheiro; ambos tinham um aumento da dopamina de recompensa. No entanto, quando os jogadores patológicos perdiam dinheiro, o cérebro deles mostrava um marcante aumento na descarga de dopamina em comparação aos controles saudáveis. Os jogadores patológicos obtinham as maiores altas de dopamina quando a probabilidade de perder e ganhar eram idênticas (50%) – representando a incerteza máxima. Parece que os jogadores patológicos se sentiam bem quando estavam ganhando dinheiro *e* quando estavam perdendo dinheiro, ao passo que os controles saudáveis só se sentiam bem quando estavam ganhando.

Os jogadores patológicos não têm compulsão por dinheiro; eles têm compulsão pelo jogo.

\*

Reservemos um tempo para registrar nossos próprios gatilhos. Só a prática de anotar os antecedentes específicos do padrão adictivo – o que estamos fazendo, pensando ou sentindo logo antes do uso –, sem tentar mudar o comportamento de maneira alguma, pode ser esclarecedor. Na tabela à página 108, identifique uma circunstância do padrão adictivo que você esteja querendo mudar e depois reflita sobre o que estava *fazendo*, *pensando* e *sentindo* logo antes de iniciar o padrão.

Por exemplo, quando reflito sobre esse exercício em relação à minha compulsão de checar emails, noto que, em geral, estou imersa em um trabalho difícil, quando me vem a vontade de checar meus emails. Meus pensamentos são marcados por frustração e incerteza, ou seja, não sei exatamente como lidar com a tarefa em questão. Estou me sentindo cansada, sobrecarregada ou frustrada, e quero escapar dessas sensações.

## EXERCÍCIO INTERATIVO

## Gatilhos para padrões adictivos (segundo círculo)

(Exemplo: Anna)

| Padrões adictivos que quero mudar | Ação: O que estou fazendo logo antes de surgirem os padrões adictivos | Pensamento: O que estou pensando logo antes de surgirem os padrões adictivos | Sensação: O que estou sentindo logo antes de surgirem os padrões adictivos |
|---|---|---|---|
| Checar compulsivamente meus emails, muitas e muitas vezes ao longo do dia, além do necessário e útil | Normalmente, estou trabalhando no meu laptop | Chego a um ponto em que perco a concentração, me distraio e/ou não tenho bem certeza de qual será o próximo passo | Em geral, estou me sentindo cansada, sobrecarregada ou frustrada por tudo que tenho que fazer e quero me compensar. Isto frequentemente acontece antes de ter realizado muita coisa, ou coisa alguma |

Geralmente, Andy está na academia, do meio para o fim da malhação, quando é impulsionado a se exercitar em excesso. Ele pensa: "Se eu fizer um pouco mais, ficarei mais musculoso, magro e forte". O que ele sente é "desconforto, medo de me sentir culpado depois, por não ter me esforçado o bastante" e "arrepios". A sensação de "arrepios" capta a forte conexão mente-corpo.

## EXERCÍCIO INTERATIVO

## Gatilhos para padrões adictivos (segundo círculo)

(Exemplo: Andy)

| Padrões adictivos que quero mudar | Ação: O que estou fazendo logo antes de surgirem os padrões adictivos | Pensamento: O que estou pensando logo antes de surgirem os padrões adictivos | Sensação: O que estou sentindo logo antes de surgirem os padrões adictivos |
|---|---|---|---|
| Excesso de exercícios | Na academia, mais ou menos do meio para o fim da malhação | Se eu fizer um pouco mais, vou ficar mais musculoso, magro e forte | Desconforto, medo de me sentir culpado depois, por não ter me esforçado o bastante; arrepios |
| | | | |

E quanto a você? O que está *fazendo, pensando e sentindo*, quando se sente impulsionado a usar a substância ou partir para o comportamento do qual está tentando se afastar?

## EXERCÍCIO INTERATIVO

# Gatilhos para padrões adictivos (segundo círculo)

| Padrões adictivos que quero mudar | Ação: O que estou fazendo logo antes de surgirem os padrões adictivos | Pensamento: O que estou pensando logo antes de surgirem os padrões adictivos | Sensação: O que estou sentindo logo antes de surgirem os padrões adictivos |
| --- | --- | --- | --- |
| | | | |

\*

De maneira análoga, fazer planos contingenciais em torno dos gatilhos, sob a forma de afirmações do tipo "se/então", pode ajudar. Por exemplo: "Se estou numa festa e alguém me oferece vinho, então eu digo 'Obrigada, mas hoje vou ficar no kombucha'". Ou "Se meu limite de tela surgir enquanto estou assistindo TikTok, então vou largar meu celular por pelo menos cinco minutos, antes de decidir que quero continuar assistindo". Pode ser útil se antecipar e definir um plano de contingência específico para quando surgirem essas sugestões e desejos aparentemente irresistíveis.

Os pacientes, com frequência, me perguntam: "Posso usar outra recompensa para substituir aquela da qual estou tentando abrir mão?", como substituir a cannabis por nicotina, ou os cupcakes por mídia social. O perigo aqui é a adicção cruzada, ou seja, substituir uma adicção por outra. Uma substituição saudável, adaptativa é boa, como sair para caminhar, procurar um amigo, ou fazer um exercício de respiração, mas tome cuidado com outros intoxicantes.

Na tabela interativa à página 112, vamos criar três planos contingenciais específicos para nossos gatilhos, usando as frases "se/então".

Para mim, *se* estou trabalhando e fico entediada, cansada, frustrada, e quero me recompensar (mesmo que, em geral, ainda não tenha feito nenhum trabalho que precise de recompensa), *então*, posso: (1) sentar-me e descansar por alguns minutos exatamente onde estou, respirando profundamente e contemplando pela janela a natureza e o céu; (2) pegar um brinquedo antiestresse e deixar minhas mãos ficarem à toa, alheias por alguns minutos, antes de voltar ao trabalho em questão; ou (3) sair da cadeira e ir para outro cômodo ou ao ar livre, sentar ou caminhar pela natureza. Repare como apenas desacelerar as coisas e fazer uma pequena pausa entre o desejo e a ação nos permite reconectar com nossas intenções originais, e escapar do ciclo compulsivo.

## EXERCÍCIO INTERATIVO

# Plano de contingência "se/então" de gatilho de comportamento

### (Exemplo: Anna)

| Gatilho | Plano de contingência 1 | Plano de contingência 2 | Plano de contingência 3 |
|---|---|---|---|
| Se estou trabalhando e fico entediada, cansada, frustrada, e quero me recompensar (mesmo que, em geral, ainda não tenha feito nenhum trabalho que precise de recompensa) | Então, vou simplesmente me sentar e descansar por alguns minutos exatamente onde estou, respirando profundamente e contemplando pela janela a natureza e o céu | Então, pego um brinquedo antiestresse e deixo minhas mãos ficarem à toa, alheias por alguns minutos, antes de voltar ao trabalho em questão | Então saio da cadeira e vou para outro cômodo ou ao ar livre, sentar ou caminhar pela natureza |

Andy escreve que *se* tiver tempo extra ao final de uma malhação, quando poderia estar vulnerável ao exagero, *então* ele poderia: (1) lembrar-se de parar depois de um número pré-determinado de séries de repetições; (2) buscar água e pensar "no que realmente eu quero fazer"; ou (3) sair da academia e "telefonar para a minha mãe, que sempre se levanta cedo". Repetindo, Andy está sabiamente voltando-se para outras pessoas para ajudar a criar anteparos para seu comportamento.

## EXERCÍCIO INTERATIVO

# Plano de contingência "se/então"
# de gatilho de comportamento

### (Exemplo: Andy)

| Gatilho | Plano de contingência 1 | Plano de contingência 2 | Plano de contingência 3 |
|---|---|---|---|
| Ter tempo extra no final da malhação | Parar depois de pré-determinadas séries de repetições | Ir ao banheiro, buscar água, e pensar no que realmente eu quero fazer | Sair da academia e ligar para a minha máe, que sempre se levanta cedo |

Agora é sua vez. Quais são as declarações que você pode preparar de antemáo, como forma de se autocomprometer para lidar com os gatilhos?

## EXERCÍCIO INTERATIVO

# Plano de contingência "se/então" de gatilho de comportamento

| Gatilho | Plano de contingência 1 | Plano de contingência 2 | Plano de contingência 3 |
|---------|------------------------|------------------------|------------------------|
|         |                        |                        |                        |
|         |                        |                        |                        |
|         |                        |                        |                        |
|         |                        |                        |                        |

\*

Depois de focar no segundo círculo, envolvendo gatilhos, vamos agora voltar nossa atenção para o círculo externo, onde enumeramos comportamentos que queremos ter em nossa vida. Esse exercício nos leva a pensar no que queremos nos aproximar, bem como o que evitar. A maioria de nós pode usar a força de vontade para dizer não por um tempo, mas o que acontece depois? Fica difícil ficar repetindo "não" vezes sem conta. Também é benéfico focar em dizer "sim" para estar saudável e viver de acordo com nossos valores. Torna os encontros menos bélicos e os transforma em experiências positivas em que consigamos reafirmar nosso compromisso conosco, nossos valores e nossa saúde. Assim, além de criar barreiras entre nós e nossa droga, vamos observar as atividades positivas e saudáveis das quais queremos participar, e ser específicos sobre como essas atividades se alinham, ou se alinharão em nossos objetivos de longo prazo para saúde ou realização.

Para fazer isso, pode ser útil passar um momento refletindo sobre valores. Nas ciências sociais, valores são crenças que orientam como vivemos, segundo o que pensamos ser significativo e importante. Quando se trata de escolhas do dia a dia, os valores ajudam a nortear no que nos envolveremos e do que nos absteremos.

No exercício interativo da página 116, vamos detalhar como nossos valores se relacionam com a substância ou comportamento que estamos lutando para mudar; como nosso consumo vai contra os nossos valores, objetivos ou os traços de caráter que almejamos; e que ações específicas podemos tomar para viver de acordo com nossos valores e objetivos.

Um dos meus objetivos e valores mais importantes é ser uma boa esposa e mãe. Para conseguir isso, sei que preciso parar de me preocupar compulsivamente com os meus filhos. O fato de continuar com esse comportamento interfere na minha capacidade de estar presente e proporcionar o apoio de que eles necessitam. Parar ou reduzir esse comportamento me ajuda a viver de acordo com os meus valores, permitindo-me estar presente para eles de uma maneira útil, e não prejudicial.

### EXERCÍCIO INTERATIVO

## Autorrestrição baseada em valores

### (Exemplo: Anna)

| Valor | Substância ou comportamento que quero mudar | Como o uso contínuo vai contra os meus valores | Como parar ou reduzir o uso me ajuda a viver de acordo com os meus valores |
|---|---|---|---|
| Ser uma boa esposa e mãe | Parar de me preocupar compulsivamente com meus filhos | Interfere na minha capacidade de estar presente e proporcionar apoio para os meus filhos | Permitiria que eu estivesse presente para eles de uma maneira útil |

Meu paciente Andy está comprometido com os valores de saúde, autorresponsabilidade e honestidade. Exercitar-se em excesso e compulsivamente vai contra esses valores e piora a sua saúde com lesões físicas. Também o leva a mentir para acobertar a intensidade do uso. Parar ou reduzir esse comportamento ajuda-o a viver de acordo com seus valores porque, em suas próprias palavras, permitiria que ele "ficasse saudável sem lesões", "fosse honesto e tivesse integridade" e "fosse responsável por cuidar de mim mesmo".

## EXERCÍCIO INTERATIVO

## Autorrestrição baseada em valores

### (Exemplo: Andy)

| Valor | Substância ou comportamento que quero mudar | Como o uso contínuo vai contra os meus valores | Como parar ou reduzir o uso me ajuda a viver de acordo com os meus valores |
|---|---|---|---|
| Saúde e autorresponsabilidade; honestidade | Exercitar-me compulsivamente | Piora a saúde com lesões físicas; leva à mentira para encobrir a quantidade/intensidade de uso, tanto para pessoas queridas, quando para colegas de trabalho e clientes | Ficar saudável sem lesões, permitir que eu seja honesto e tenha integridade; permitir que eu seja responsável por cuidar de mim mesmo |

E quanto a você? Como tentar viver segundo seus objetivos e valores proporciona uma forma de autorrestrição?

## EXERCÍCIO INTERATIVO

## Autorrestrição baseada em valores

| Valor | Substância ou comportamento que quero mudar | Como o uso contínuo vai contra os meus valores | Como parar ou reduzir o uso me ajuda a viver de acordo com os meus valores |
|---|---|---|---|
| | | | |
| | | | |
| | | | |

\*

Coincidir com valores são nossas importantes relações com outras pessoas. Somos criaturas sociais, o que significa que somos altamente suscetíveis a pessoas a nossa volta, para o bem e para o mal. É difícil, se não impossível, parar com um comportamento que todos ao redor estão tendo. Da mesma maneira, iniciar um novo comportamento que não seja norma em nosso grupo de escolha é factível por um período limitado, mas um desafio para ser mantido ao longo de meses, anos.

Então, precisamos ter em mente um propósito quanto a com quem nos relacionarmos, quando estamos tentando limitar ou parar o consumo excessivo compulsivo. Em alguns casos, isso significa criar espaço entre nós mesmos e certas pessoas. Em outros, significa procurar pessoas, principalmente aquelas que nos apoiarão em nosso projeto de jejum e/ou moderação de dopamina, ou até mesmo que tentem conosco.

Seja por meio de sujeitos interessados com quem nos identificamos, ou pelo envolvimento em grupos de apoio mútuo mais formais, como os Alcoólicos Anônimos, juntar-se a outros pode fazer diferença nesse moderno projeto desafiador de vida saudável, em um mundo saturado de dopamina.

Agora que você planejou para se abster por um tempo determinado, considere compartilhar seus planos para um jejum de dopamina com um amigo ou companheiro de jornada, alguém em quem você confie. Pode não ser fácil dar início à conversa. Talvez seja difícil compartilhar essa informação com outras pessoas. Essas coisas podem ser constrangedoras.

Sei que, para mim, como médica, revelar minha adicção a romances baratos e até eróticos foi profundamente embaraçoso. Como uma reconhecida terapeuta, sentia que não me era permitido perder o controle no modo de me tranquilizar e que admitir esse comportamento prejudicaria minha identidade profissional. Mas foi compartilhando minhas atitudes com uma colega que me permitiu fazer algo em relação a meu comportamento. Faça uma lista de nomes de um a três indivíduos confiáveis em sua vida, com quem você sente que poderia se abrir com segurança sobre essa tomada de decisão. Você poderia até convidá-los a se juntar a você no percurso deste workbook, seja para apoiá-lo, seja para preenchê-lo com você.

Ao lado de cada nome, enumere alguns dos sentimentos que surgem quando você se imagina discutindo seus comportamentos compulsivos com alguém. Talvez seja medo de ser censurado ou abandonado? Em minha experiência, quando compartilhamos nossas fraquezas com pessoas de confiança, elas não nos condenam nem nos afastam. Em vez disso, elas nos amam mais e se sentem mais próximas por causa da confidência.

Meu paciente Riley notou que compartilhar dificuldades com um padrinho, "Sam", dos grupos de 12 passos, ou com seu amigo Jonah trouxe sentimentos de "vergonha/constrangimento de eles perceberem que não sou perfeito". Riley também notou que sentiu "medo de que eles minimizassem a coisa e achassem que eu estava exagerando". O medo da invalidação de nossa experiência subjetiva é um motivador comum e oculto de retenção dos nossos pensamentos e sentimentos, por medo de que as pessoas não entendam, ou de mentir sobre nossas experiências para que elas pareçam mais legítimas aos olhos dos outros e de nós mesmo. À frente falaremos mais sobre mentir.

## EXERCÍCIO INTERATIVO

# Companheiros de jornada

### (Exemplo: Riley)

| Pessoa com quem eu poderia me abrir | Sentimentos que afloram quando penso em compartilhar |
|---|---|
| Meu padrinho, Sam Meu amigo, Jonah | Vergonha/constrangimento quanto a eles perceberem que sou "imperfeito" e me falta controle. Ou medo de que eles minimizem a coisa e achem que estou exagerando |

E quanto a você? Com quem você poderia se abrir, e que tipo de sentimentos surgem quando você pensa em se expor para outro ser humano?

## EXERCÍCIO INTERATIVO

# Companheiros de jornada

| Pessoa com quem eu poderia me abrir | Sentimentos que afloram quando penso em compartilhar |
|---|---|
|  |  |
|  |  |

## ▶ Ascetismo (também conhecido como hormese)

O *A*, em DOPAMINE também significa *ascetismo*.

*Ascetismo* é uma palavra que significa muitas coisas diferentes, para pessoas diferentes. Uso-a para me referir a um estilo de vida que, intencionalmente, busca atividades difíceis e até dolorosas, como uma maneira de alinhar nossas conexões cerebrais primitivas com nosso moderno ecossistema. Somos sobreviventes. Somos programados para nos esforçar, especialmente sob o ponto de vista físico. Contudo, vivemos em um mundo em que somos amplamente isolados da dor. E não apenas da dor, mas também de qualquer tipo de sofrimento. Tudo nos é fornecido a um toque do dedo. Agora, nos esforçamos apenas para sair do sofá. Nosso ecossistema moderno incentiva a inatividade. A inatividade traz letargia. A letargia cria ansiedade e depressão. Temos que lutar contra isso.

É um feito bem humano que a maior perversão das abastadas sociedades modernas seja termos que planejar nossa dor, uma vez que eliminamos suas causas naturais tão completamente. Mas, de fato, temos.

Acontece que nos expormos intencionalmente a estímulos dolorosos é uma maneira de aumentar a dopamina e outras substâncias químicas de bem-estar no nosso cérebro. Observe aqui que não estou recomendando automutilação, ou outras formas extremas de dor. Estamos falando sobre desafios do tamanho ideal que promovam saúde, não a prejudiquem.

Voltando a nossos *gremlins* e nosso equilíbrio prazer-sofrimento, aprendemos que pressionando repetidamente o lado do prazer da balança leva os *gremlins* a se juntarem no lado da dor. Bom, acontece que pressionando no lado da dor da balança, leva os *gremlins* a pular para o lado do prazer. Estamos recebendo nossa dopamina indiretamente, pagando por ela adiantado, e assim evitando o estado de déficit de dopamina que leva à ansiedade, à depressão e à fissura.

Prazer — Sofrimento

Essa é a ciência da hormese, palavra que vem do grego e significa "colocar em movimento". Esse ramo da ciência mostrou que expor um organismo vivo a doses de leves a moderadas de estímulos aversivos aumenta a transmissão de neurotransmissores de bem-estar, como a dopamina, serotonina, norepinefrina, opioides endógenos, e canabinoides endógenos. O que estamos fazendo quando expomos nossos corpos à dor é colocar em movimento nossos próprios mecanismos de autocura. Exemplos incluem dor física sob a forma de exercício, mergulhos em água gelada e jejuns intermitentes, bem como dor mental sob a forma de qualquer atividade cerebral que exija a manutenção de uma concentração e/ou um desconforto tolerável, tais como meditação, rezas, desafios cognitivos, desafios emocionais, empenhos criativos, e assim por diante.

Enquanto estamos envolvidos nesse tipo de atividades dolorosas, nossos níveis de dopamina sobem lentamente na segunda metade da atividade e permanecem elevados por horas, antes de recuar para a linha de base, sem nunca descer abaixo dela.

É essencial antecipar nossa resistência para essa atividade. Temos uma memória aguçada para os estímulos iniciais de prazer e dor, mas uma memória não tão boa para os *gremlins* que se seguem. Quando busco prazer, é difícil me lembrar da dor que se segue. Da mesma maneira, quando busco dor, é difícil me lembrar do prazer que se segue.

Assim que acordo de manhã, não consigo me lembrar de como me sinto bem depois de me exercitar. Só penso que os exercícios são doloridos e não quero fazê-los. Então, preciso arrumar maneiras de me lembrar do prazer que se segue à dor. Uma maneira de fazer isso é escrever o quanto nos sentimos bem depois de fazer algo que seja difícil e manter conosco esse lembrete, por exemplo, na mesa de cabeceira, ou grudado no monitor, ou numa nota digital na área de trabalho do computador. Podemos, ao mesmo tempo, nos lembrar do desespero, do desapontamento e da sensação de definhamento que nos vêm quando sabemos que deixamos de fazer algo que é bom e saudável para nós. Você poderia pensar nisso como uma nota para nosso futuro eu.

Por exemplo, aqui está um recado que escrevi para meu futuro eu:

*Querida Anna, amanhã de manhã, quando você acordar, vai estar escuro e você NÃO vai sentir vontade de sair da cama. Vai pensar em um milhão de motivos de por que é de fato melhor ficar exatamente onde está. Mas estou lhe dizendo, vale a pena. Caia fora da cama! Se você não se exercitar, vai se sentir irritada e um pouco perdida. Não vai se exercitar mais tarde, mesmo que fique dizendo a si mesma que vai. Mas se você se exercitar, vai se sentir mais feliz, além de poder contemplar o nascer do sol, sua hora preferida do dia.*

Que nota você escreveria para si mesmo?

## EXERCÍCIO INTERATIVO

## Recado para o futuro eu

\*

Existem muitas atividades que poderíamos considerar horméticas, ou seja, maneiras de se apoiar na dor para reformular nossos sistemas de recompensa. Aqui está uma lista que compilei, baseada em minha própria experiência e no que meus pacientes me contaram ao longo dos anos: tocar ou compor uma música; ler um livro difícil; conversar com o barista, o comerciante ou lojista em vez de usar um aplicativo de mensagens; caminhar ou andar de bicicleta, em vez de dirigir; escrever um bilhete de agradecimento; procurar velhos amigos, pais ou avós; dizer a verdade; pedir desculpas; exercitar-se com moderação (desplugado de um aparelho digital); dar mergulhos em água gelada; fazer jejum intermitente; rezar; meditar; cozinhar (desplugado); fazer jardinagem (desplugado); cuidar de animais de estimação (desplugado); passar tempo com crianças (desplugado); ficar na natureza (desplugado); limpar o armário (desplugado); lavar o carro (desplugado) e provavelmente muito mais coisas em que você pode pensar.

Repare que algumas dessas atividades não são dolorosas em si, mas também não são imediatamente gratificantes. Com frequência, elas requerem a manutenção de um esforço durante um tempo, para se obter benefício. Por exemplo, rezar e meditar podem ser, às vezes, agradáveis, mas não o são previsivelmente. Para vivenciar seu total benefício, precisamos fazê-las mesmo quando não sentimos, necessariamente, vontade. Um paciente que estava lutando com o álcool me contou que aprendeu que não precisava ter vontade de rezar para obter o benefício do ato. *Boas ações antes de bons sentimentos* é um tema comum no começo da recuperação.

Você também vai ver que algumas dessas atividades são tarefas diárias bem comuns, mas fazê-las "desplugado", sem nos estimularmos com mídia digital ou música, pode torná-las um desafio. No mundo atual, o simples ato de se sentar em silêncio, sem qualquer estímulo externo, pode parecer um esforço, precisamente porque ficamos muito acostumados a tratar nosso cérebro com sugestões sensórias de alta recompensa.

Na tabela a seguir, circule as atividades desafiadoras (hormé-ticas) que você já faz ou que gostaria de fazer mais para restaurar um equilíbrio mais saudável. Anote as atividades horméticas que você poderia fazer, mas que não estão listadas.

## EXERCÍCIO INTERATIVO

### Hormese

(Circule as atividades desafiadoras que você já faz ou quer fazer daqui para frente para reformular seus sistemas de recompensa.)

| | | | |
|---|---|---|---|
| Fazer música, tocar um instrumento | Ler um livro difícil | Conversar com o barista, comerciante ou lojista, em vez de usar um aplicativo de mensagens | Caminhar ou andar de bicicleta, em vez de dirigir |
| Escrever um bilhete de agradecimento | Procurar velhos amigos, os pais, os avós | Dizer a verdade | Pedir desculpas |
| Exercitar-se com moderação (desplugado) | Dar mergulhos em água gelada | Fazer jejum intermitente | Rezar |
| Meditar | Cozinhar (desplugado) | Fazer jardinagem (desplugado) | Cuidar de animais de estimação (desplugado) |
| Passar tempo com crianças (desplugado) | Ficar na natureza (desplugado | Limpar o armário (desplugado | Lavar o carro (desplugado) |
| | | | |
| | | | |

Meu paciente Andy, com a adicção a exercícios, comprometeu-se a "passar um tempo com a atenção focada" na filha nas noites de quarta-feira e em finais de semana alternados, quando, segundo sua escala de guarda, a filha ficava com ele. Ele refletiu sobre que tipo de resistência seu cérebro geraria pouco antes dessa atividade, como se sentir "inquieto e ansioso, pensando em coisas inacabadas no trabalho, ou ruminando sobre como me livrar da adicção a exercícios". Isso é interessante porque nos mostra que pensar sobre como tratar esses comportamentos compulsivos se tornou, até certo ponto, sua própria compulsão, e algo em que ele precisa trabalhar para se livrar. Tendo se empenhado nesse esforço de uma atenção total à filha, Andy sentiu-se "feliz e bem em relação a mim mesmo" e observou "como minha filha parece feliz e o demonstra com o aumento da minha participação".

### EXERCÍCIO INTERATIVO

## Monitorando um bem-estar subjetivo
## antes e depois da hormese

### (Exemplo: Andy)

| Atividade desafiadora que posso fazer, em vez de buscar prazer, ou como parte do meu bem-estar geral | Quando posso fazer tal atividade: que dia da semana e que hora do dia | Como me sinto logo antes da atividade: no que estou pensando | Como me sinto logo depois da atividade: no que estou pensando | O que posso fazer para me lembrar que o prazer sucede à dor, e definir a minha vida para facilitar a hormese |
|---|---|---|---|---|
| Passar um tempo com a atenção focada na minha filha | Nas noites de quarta-feira e em finais de semana alternados (escala de guarda) | Inquieto e ansioso, pensando em coisas inacabadas no trabalho ou ruminando em como me livrar da adicção a exercícios | Sinto-me feliz e bem comigo mesmo; penso em como minha filha parece feliz e o demonstra, com o aumento da minha participação | Tirar um momento antes de buscar a minha filha para me lembrar de que me sinto melhor e mais em paz ao focar nela e em seus interesses quando estamos juntos, em vez de pensar em mim e nas minhas próprias preocupações |

E você? No próximo exercício interativo, anote o que e quando você poderia fazer uma atividade desafiadora, hormética, e considere fazê-la na mesma hora em que, normalmente, você usaria sua substância ou comportamento. Assim, talvez em vez de fumar à noite, você possa caminhar pelo bairro, ler um livro instigante, ligar para um amigo ou tomar um banho frio. Descreva em poucas palavras como você se sente logo antes da atividade, logo depois da atividade, e o que pode fazer para se lembrar do prazer que se segue a uma dor de tamanho adequado.

## EXERCÍCIO INTERATIVO

# Monitorando um bem-estar subjetivo
# antes e depois da hormese

| Atividade desafiadora que posso fazer, em vez de buscar prazer, ou como parte do meu bem-estar geral | Quando posso fazer tal atividade: que dia da semana e que hora do dia | Como me sinto logo antes da atividade: no que estou pensando | Como me sinto logo depois da atividade: no que estou pensando | O que posso fazer para me lembrar que o prazer sucede à dor, e definir a minha vida para facilitar a hormese |
|---|---|---|---|---|
| | | | | |
| | | | | |

ABSTINÊNCIA (E ASCETISMO) | 129

*

Quando se trata de desafiar a nós mesmos, especialmente com atividades fisicamente dolorosas, precisamos tomar cuidado para não exagerar. Como já foi mencionado, dor em demasia não é hormese, e existe um perigo real de ficar adicto à dor, especialmente no mundo de hoje, regido por drogas, quando até comportamentos saudáveis, como exercícios, foram programados para serem adictivos.

Exemplos de dor em demasia incluem automutilação, excesso de exercícios e dieta altamente restritiva. A automutilação leva à liberação de opioides endógenos (os opioides produzidos pelo nosso corpo) e assim rapidamente esgota esse sistema, exigindo, com o tempo, cortes cada vez mais frequentes e mais profundos para obter o mesmo efeito. O resultado é um dano de longo prazo ao organismo. Da mesma maneira, o excesso de exercícios exaure a capacidade de o corpo regular positivamente os neurotransmissores de bem-estar, levando, em vez disso, à lesão e à síndrome do treinamento em excesso. Estímulos de dor fortes demais e/ou de duração excessiva não levam a uma neuroadaptação positiva. Quando sobrecarregamos a balança do lado da dor, esgotamos nossos neurotransmissores de bem-estar e ameaçamos romper o equilíbrio, em vez de torná-lo mais sensível e resiliente.

Também precisamos ficar atentos à mentalidade *work hard-play hard* [trabalhe duro, divirta-se muito], em que pressionamos o lado da dor o dia todo e depois nos recompensamos de um dia longo e estressante pressionando o lado do prazer, por exemplo, bebendo ou comendo demais, ou maratonando a mídia digital. Esse padrão exaure nosso equilíbrio prazer-dor, em vez de nos ajudar a nos manter equilibrados.

Pense em alguns dias em que você trabalhou demais ou se expôs a muito estresse, voluntariamente ou não, e vai descobrir que chegou ao fim da jornada sem conseguir relaxar ou se recuperar a não ser se permitindo algum tipo de recompensa em excesso. Isso acontece comigo quando trabalho demais e especialmente quando viajo muito a trabalho. Chego em casa, como em excesso e assisto a horas aleatórias de YouTube para me acalmar. É como se eu não conseguisse fazer de outro jeito. A maneira de sair desse ciclo é, em primeiro lugar, tentar reduzir o estressor até onde nos for possível, de modo que o estresse não crie a fissura de consumir.

Um rato em uma gaiola, que aprendeu a apertar o botão para cocaína, apertará aquele botão até a exaustão, ou até morrer. Se a cocaína for retirada por um período longo o suficiente para extinguir aquele comportamento, o rato acabará por deixar de pressionar o botão. Mas se o rato for, então, exposto a um choque muito doloroso na pata, a primeira coisa que fará é correr para o botão e começar a pressioná-lo, buscando a cocaína que costumava encontrar ali. Em outras palavras, o estresse nos leva a, reflexivamente, retomar os comportamentos compulsivos que usávamos previamente para acessar a dopamina, ainda que esses comportamentos sejam autodestrutivos. O primeiro passo para impedir esse tipo de retomada reflexiva a um comportamento autodestrutivo é, repito, a conscientização. O segundo passo é evitar esses tipos de estressores.

Uma vez que viajar a trabalho é meu grande estressor, ser criteriosa sobre quando e com que frequência viajo a trabalho é fundamental para obter equilíbrio na minha vida.

## EXERCÍCIO INTERATIVO

# Evitando a armadilha *work hard-play hard*

### (Exemplo: Anna)

| Exemplo de um estressor que, reflexivamente, desencadeará um consumo excessivo compulsivo | Substância típica, ou comportamento típico que uso para tentar restaurar a homeostase, ou seja, parar de me sentir estressada | Como me sinto ao final do ciclo *work hard-play hard* | Algumas maneiras com as quais eu poderia limitar esse tipo específico de estresse na minha vida | Algumas maneiras com as quais eu poderia lidar melhor com o estresse, mais adequadamente |
|---|---|---|---|---|
| Viajar a trabalho, especialmente de avião | Assistir ao YouTube, ou às vezes ao TikTok | Pior. Não funciona para aliviar meu estresse. Faz com que me sinta mal comigo mesma | Só viajar quando absolutamente necessário | Exercitar-me, conversar com a família e amigos, dormir |

No próximo exercício interativo, pense em uma situação que desperte em você um desejo induzido pelo estresse, no comportamento em que você se envolve como reação àquele estressor e no que você pode fazer para tentar reduzir esse tipo de estresse na sua vida, bem como desenvolver estratégias mais saudáveis para lidar quando o estressor é inevitável.

## EXERCÍCIO INTERATIVO

## Evitando a armadilha *work hard-play hard*

| Exemplo de um estressor que, reflexivamente, desencadeará um consumo excessivo compulsivo | Substância típica, ou comportamento típico que uso para tentar restaurar a homeostase, ou seja, parar de me sentir estressada | Como me sinto ao final do ciclo *work hard-play hard* | Algumas maneiras com as quais eu poderia limitar esse tipo específico de estresse na minha vida | Algumas maneiras com as quais eu poderia lidar melhor com o estresse, mais adequadamente |
| --- | --- | --- | --- | --- |
|  |  |  |  |  |
|  |  |  |  |  |
|  |  |  |  |  |
|  |  |  |  |  |

Chegamos ao final do capítulo "*A é para abstinência (e ascetismo)*". É um capítulo longo, mas você conseguiu. Bom trabalho! Vamos reservar um tempo para uma rápida recapitulação.

## RECAPITULANDO

- Planejamos o jejum de dopamina, incluindo o que, quando e por quanto tempo, sendo a recomendação de, no mínimo, quatro semanas, embora reconhecendo que isso possa não ser possível a todos.

- Exploramos a autorrestrição como uma maneira de alavancar a força de vontade, criando barreiras literais e metacognitivas entre nós mesmos e nossa droga de escolha, de modo a podermos pressionar o botão de pausa entre desejo e consumo.

- Contemplamos o ascetismo, ou ciência da hormese como uma maneira de obtermos indiretamente nossos neurotransmissores de bem-estar, pagando adiantado por eles, enquanto tomamos cuidado para não exagerar na dor, ou ficar adicto a ela.

*

Antes de passarmos para o próximo capítulo, você deveria começar seu jejum de dopamina. Os exercícios dos capítulos 5 e 6 devem ser completados durante o jejum de dopamina, e principalmente naqueles 10 a 14 dias quando a abstinência estiver no auge.

CAPÍTULO 5

# Mindfulness (atenção plena)

 = Dados
= Objetivos
= Problemas
= Abstinência (e ascetismo)
**= Mindfulness (atenção plena)**
= Insight (e honestidade radical)
= Novos passos
= Experimento

O *M* em DOPAMINA significa *mindfulness* [atenção plena].

Os exercícios neste capítulo deveriam, preferivelmente, ser feitos nos primeiros estágios do seu jejum de dopamina.

Mindfulness é uma palavra muito usada nos dias de hoje, sem grande explicação sobre o que ela significa. Então vamos defini-la.

Mindfulness é o ato de observar nossos próprios pensamentos e sentimentos com uma curiosidade e compaixão não reativas e, igualmente importante, sem tentar escapar desses pensamentos e sentimentos. Trata-se de uma habilidade, o que significa que quanto mais a praticamos, melhor ficamos.

Ao contrário de grande parte de nossas outras atividades mentais, em que pensamentos e sentimentos ocorrem espontaneamente, e às vezes independentes da nossa conscientização, quando estamos em atenção plena, usamos nossa mente para observar a nossa mente. Ao fazer isso, logo chegamos a várias conclusões importantes.

Em primeiro lugar, nossa mente é ocupada. O fluxo de pensamentos e emoções é como um rio que flui rapidamente. O fluxo incessante pode ser opressivo.

Em segundo lugar, pensamentos e emoções afluem espontaneamente, sem que queiramos que aconteçam, e às vezes o que aflora é, de fato, bizarro. Tudo bem. Lembre-se de que estamos observando nossa mente sem julgamento.

Em terceiro lugar, pensamentos e sentimentos são transitórios e recorrentes, inclusive os pensamentos negativos. No momento, os pensamentos negativos podem parecer infindáveis e esmagadores, mas preservando certo grau de distanciamento, como observador, podemos aprender a tolerá-los até que passem. Esse tipo de paciência e controle, com a confiança de que emoções e pensamentos perturbadores são temporários, é fundamental para o início do jejum da dopamina e para a abstenção da nossa droga de escolha por tempo suficiente para reconfigurar sistemas de recompensa.

*

Entender a neurociência do prazer e da dor, como foi discutido, também pode ajudar quando praticamos mindfulness, oferecendo-nos uma estrutura para compreender o que está acontecendo no nosso cérebro.

Um leitor me contou que a visualização dos *gremlins* pulando para cima e para baixo no lado da dor da balança ajudou-o a parar de fumar. "Agora, todas as vezes em que me vem a vontade", ele disse, "basta dizer comigo mesmo '*Gremlins*, do outro lado!'. É idiota, mas me faz abrir um sorriso e me dá a sacudida de que preciso para continuar em frente."

Prazer — Dor

Conforme seguimos com o jejum de dopamina, principalmente naquelas primeiras semanas, podemos usar práticas de mindfulness para nos ajudar a tolerar os sintomas universais da abstinência: ansiedade, irritabilidade, insônia, disforia e fissura.

Conforme você entra na primeira parte do jejum de dopamina, quando a abstinência está no auge, reserve algum tempo para pensar nas mensagens que o cérebro lhe envia para racionalizar o fim do jejum e a retomada do uso. Nosso cérebro é uma máquina incrível de contar histórias, e parte da abstinência são as histórias elaboradas que ele cria para nos convencer a retomar o uso, contra nossas intenções de nos abster. Uma das sugestões mais comuns simplesmente invalida o mérito da própria missão, com mensagens como "Isso é estúpido. Por que você está se dando ao trabalho de se propor a isso?" ou "Isso é uma perda de tempo e de energia. Existem muitos motivos pelos quais você deveria voltar a usar, neste momento". Para nos contrapor a essas vozes poderosas em nossa cabeça, temos que nos lembrar do porquê de originalmente nos enveredarmos por esse caminho do jejum. Por que ele nos interessou, e o que esperamos conseguir?

Andy, que luta com a adicção a exercícios, descreveu suas vozes de fissura da seguinte maneira: "Só mais 20 minutos de exercício e a queima de 250 calorias vão me dar alívio e me deixar comer outra tigela de mingau de aveia. Na verdade, não importa, posso deixar para estabelecer esse limite de, no máximo, uma hora de exercício mais adiante. Neste momento, tenho tempo e capacidade, e não quero lidar com sentimentos aflitivos de pensar que estou exagerando. Agora preciso sentir como se pudesse controlar meu próprio corpo e minhas emoções". Repare como o exercício compulsivo está intimamente associado a seus outros comportamentos compulsivos, como restrição de alimentos e contagem de calorias. Repare também no quanto o empenho em um controle pessoal e a capacidade para mudar a maneira como nos sentimos *neste momento* são um aspecto poderoso de qualquer adicção.

O contra-argumento de Andy para as vozes de fissura é: "Se eu continuar me exercitando em excesso, minhas lesões físicas vão piorar. Isto é uma doença mental que se tornou incontrolável e com certeza faz com que me sinta vazio, ansioso e envergonhado". A longo prazo, enfatizar a natureza problemática de seus comportamentos ajuda a lembrar a Andy do motivo de ele querer resistir às vozes da fissura.

## EXERCÍCIO INTERATIVO

## Combatendo as vozes da fissura

(Exemplo: Andy)

| As vozes da fissura | Contra-argumentos para nos lembrarmos do porquê da importância da abstenção |
|---|---|
| Só mais 20 minutos de exercício e a queima de 250 calorias vão me dar alívio e me deixar comer outra tigela de mingau de aveia. Na verdade, não importa, posso deixar para estabelecer esse limite de, no máximo, uma hora de exercício mais adiante. Neste momento, tenho tempo e capacidade, e não quero lidar com sentimentos aflitivos de pensar que estou exagerando. Agora preciso sentir como se pudesse controlar meu próprio corpo e minhas emoções | Se eu continuar me exercitando em excesso, minhas lesões físicas vão piorar. Isto é uma doença mental que se tornou incontrolável e com certeza faz com que me sinta vazio, ansioso e envergonhado |

No exercício interativo a seguir, anote as racionalizações que seu cérebro inventa para interromper seu jejum, e depois se contraponha a essas narrativas com os motivos da importância de você terminar o que se predispôs a fazer. Você poderia pensar nisso como contrapondo-se às vozes da fissura, que com frequência se manifestam como vozes perfeitamente racionais nos dizendo o porquê de não haver problema em retomar o uso.

## EXERCÍCIO INTERATIVO

# Combatendo as vozes da fissura

| As vozes da fissura | Contra-argumentos para nos lembrarmos do porquê da importância da abstenção |
|---|---|
| | |
| | |
| | |
| | |

\*

Antes de terminarmos esta seção, uma palavra sobre o tédio. Um dos estados mentais importantes de serem reconhecidos quando estamos tentando nos abster de nossa droga de escolha é o tédio.

À primeira vista, ele parece uma emoção trivial, mas à espreita por debaixo do tédio está uma das emoções mais permanentemente aterrorizantes de todos os tempos: o terror existencial de se estar vivo.

Desde que estejamos ocupados com nossa droga ou outras coisas, não precisamos olhar de perto para o propósito da nossa existência. Os motivos e porquês. Por que vivemos e por que morremos. Mas, na falta de coisas para nos distrair, o tédio surge rugindo, e o terror não fica muito atrás. Em minha experiência clínica, o chamado tédio está entre os motivos mais comuns que as pessoas dão para a recaída.

Sendo assim, precisamos antecipar o tédio, examiná-lo de perto e, ouso dizer, dar-lhe as boas-vindas. O tédio é uma oportunidade.

Em primeiro lugar, o tédio nos força a viver mais devagar, apenas sentir o momento e esperar pelo que vem a seguir, algo que as pessoas modernas estão mal preparadas para fazer. O tédio também nos dá a chance de reorganizar nossa vida e nossas prioridades, segundo nossos objetivos e valores. Além disso, o tédio nos dá o espaço e o tempo necessários para que surjam novas ideias. Se a necessidade é a mãe da invenção, o tédio é sua parteira.

\*

Chegamos ao final de nosso capítulo de "*M* é para *mindfulness*". Bom trabalho. Vamos reservar um momento para uma rápida recapitulação.

## RECAPITULANDO

- Refletimos sobre o quanto nossa mente está ocupada e a importância de aprender a parar e observar nossos pensamentos e sentimentos sem julgá-los e sem usar uma substância ou comportamento para nos livrarmos deles. A única maneira de nos conhecermos é estar calmamente conosco.

- Exploramos as vozes da fissura, ou seja, as histórias elaboradas que nosso cérebro cria em um milésimo de segundo para nos fazer usar, inclusive nos dizendo que o próprio projeto de jejum não vale o esforço, mesmo quando temos muitos bons motivos para a abstinência. Para nos contrapor a essas vozes, criamos um contra-argumento que nos lembre de todos os bons motivos para querermos e precisarmos mudar nosso comportamento.

- Analisamos o problema do tédio durante a abstinência, motivo comum para uma recaída, inclusive o significado oculto do tédio, e como ele pode ser uma porta de entrada, podendo até ser necessário, para a criatividade.

*

Praticamos nossas habilidades para mindfulness, e agora estamos prontos para uma forma avançada de mindfulness – a honestidade radical. A maioria de nós é composta de mentirosos tão naturais que até reconhecer nossas mentiras diárias requer prestar atenção de uma nova maneira.

## CAPÍTULO 6

# Insight (e honestidade radical)

# = Dados
# = Objetivos
# = Problemas
# = Abstinência (e ascetismo)
# = Mindfulness (atenção plena)
# = **Insight (e honestidade radical)**
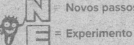# = Novos passos
= Experimento

O *I* em DOPAMINA significa *insight*.

Acontece algo muito estranho quando estamos buscando dopamina: perdemos nossa capacidade de ver a verdadeira causa e efeito.

Determinar a causa e efeito no mundo é difícil de qualquer maneira, uma vez que o mundo é um lugar complexo, com muitas forças operando simultaneamente para conceber resultados. É difícil saber o que causa o quê, mesmo quando estamos prestando atenção.

Mas quando somos pegos no rodamoinho do consumo excessivo compulsivo, tendemos a supervalorizar nossa droga de escolha e não reconhecer os sinais que nos alertariam. Estamos numa espécie de sonhar acordado, no domínio do impulso e da emoção bruta.

O jejum de dopamina nos permite a chance de escapar do rodamoinho da adicção por tempo suficiente para observar nosso comportamento como ele realmente é. Meus pacientes, uma vez completado o jejum, repetidamente expressam surpresa quanto a seus eus usuários. Dizem coisas como o seguinte: "Eu realmente achava que a cannabis estava ajudando na minha ansiedade, mas agora vejo que ela a estava piorando". Ou "Assistir ao YouTube e TikTok parecia uma maneira inofensiva de passar o tempo, mas agora entendo o quando estava me deixando deprimido". Com frequência, eles ficam devastados pela quantidade de tempo, energia, dinheiro e criatividade que colocam na obtenção, no uso e na ocultação de sua dependência, tempo que, agora, eles têm para outros objetivos mais produtivos.

\*

Além do jejum de dopamina, de que outras maneiras podemos obter mais insights, ou seja, mais revelações esclarecedoras sobre nosso comportamento?

Uma das práticas diárias que recomendo a meus pacientes, e tento incorporar em minha própria vida como uma ferramenta de aceleração de insights, é algo que chamo de *honestidade radical*. Mencionei-a brevemente no capítulo 4, mas agora vamos nos aprofundar nisso.

A honestidade radical é um compromisso de dizer a verdade o tempo todo, mesmo sobre coisas que pareçam insignificantes ou inconsequentes, com um foco especial em evitar mentiras que tentem encobrir nossos erros e/ou manipular as impressões que outras pessoas têm a nosso respeito. O adulto médio conta uma ou duas mentiras por dia, portanto, a honestidade radical não é pouca coisa.

Digo aos pacientes: "Além de parar com a sua droga de escolha por quatro semanas, gostaria que você se comprometesse a não dizer mentiras neste mês, nem mesmo sobre coisas pequenas".

Talvez você não tenha tido problemas interpessoais referentes a seu uso, ou rupturas por mentiras compulsivas que vêm embaladas no seu uso. Mas para aqueles que têm, este capítulo é especialmente importante.

A honestidade radical nos ajuda a conter o consumo excessivo compulsivo operando em muitos níveis diferentes do nosso cérebro. Analiso brevemente aqui quatro deles: (1) Honestidade radical e o córtex pré-frontal, (2) Honestidade radical e intimidade: (3) Honestidade radical e mentalidade de abundância e (4) Honestidade radical e vergonha pró-social.

## ▶ Honestidade radical e córtex pré-frontal

Certa vez, um paciente me contou que, quando estava mergulhado na adicção, mentia sobre tudo, sem nem mesmo saber o motivo. Se estava almoçando no Burger King e um amigo telefonava perguntando "Onde você está?", ele respondia "McDonald's". Se estivesse no McDonald's, respondia "Burger King". "Não fazia o menor sentido", ele disse, "mas acho que criei o hábito de mentir."

Sou propensa a mentir sobre pequenas coisas para parecer menos egoísta ou mais importante do que sou. Se estou atrasada para um encontro, posso dizer: "Me desculpe o atraso, o trânsito está péssimo", em vez de dizer simplesmente: "Me desculpe o atraso".

Para manipular outras pessoas, tendo a exagerar acontecimentos para me fazer de vítima. Por exemplo, eu poderia dizer: "Esperei vinte minutos até ele chegar", quando, na verdade, só esperei cinco.

A propósito, conto essas mentiras em grande parte sem uma percepção consciente. Não sei que estou fazendo isso. Elas são reflexivas, a não ser que eu esteja de fato fazendo um esforço para contar a verdade. Acontece que não estou sozinha.

O hábito de mentir é flagrantemente fácil para qualquer um de nós, porque dizer a verdade é difícil, mesmo quando não somos adictos. Estamos ligados à mentira como uma arma e um escudo, e nossa ferramenta é a linguagem. O hábito de mentir é ainda mais comum na adicção. Seria possível dizer que é um sintoma inespecífico da doença. Começa para encobertar nosso comportamento adicto, mas depois passa a abranger tudo que fazemos.

Ao longo de muitos anos tratando pacientes com adicção, observei que os pacientes que entram numa recuperação de longo prazo e a mantêm assumiram um compromisso de dizer a verdade mesmo sobre assuntos triviais que pareciam não ter relação com a dependência, e especialmente sobre suas próprias deficiências. Seja quando largam por conta própria ou com a ajuda de um médico, seja quando ficam sóbrios por meio dos Alcoólicos Anônimos ou outro grupo dos 12 passos, a prática de honestidade radical é um tema recorrente na recuperação.

Quando estamos contando a verdade sobre nossa vida, e também sofrendo as consequências imediatas dos nossos desmandos, tomamos consciência de nossas ações e do mal que elas causam aos outros, de maneira que simplesmente não é possível quando estamos mentindo. Esse acesso crescente a informações mais verdadeiras se traduz, então, no modo de contar nossas histórias. (Digo *mais verdadeiras* porque estamos todos presos pelo limite humano de conhecer a realidade suprema, e também falíveis em nossa capacidade de ver a verdade, mesmo quando ela está diante de nós.)

Essas auto-histórias, as narrativas autobiográficas de nossa vida, tornam-se não apenas uma maneira de organizar o passado, mas também de navegar o futuro. Narrativas verdadeiras oferecem melhores mapas de percurso para boas tomadas de decisão para o que se segue. Como já foi discutido, o córtex pré-frontal, parte de nosso sistema de recompensa, tem a ver com contar a verdade.

O neurocientista Christian Ruff e seus colegas estudaram a neurobiologia da honestidade. Em um experimento, convidaram 145 pessoas a participar de um jogo em que rolavam dados a dinheiro, usando uma interface de computador. Antes de cada jogada, uma tela do computador indicava quais resultados produziriam o pagamento monetário, chegando a 90 francos suíços (pouco menos de 600 reais).

Ao contrário da jogada em um cassino, os participantes poderiam mentir sobre os resultados para aumentar seus ganhos. Os pesquisadores conseguiam determinar o grau de trapaça comparando a porcentagem insignificante de rolagem de dados relatada como bem-sucedida contra a marca de referência de 50% indicada num relato totalmente honesto.

Não é de se surpreender que os participantes mentissem frequentemente. Comparados à marca de referência de 50% de honestidade, os participantes relaram que 68% de suas jogadas tiveram o resultado desejado.

Então, os pesquisadores usaram a eletricidade para realçar a excitabilidade neuronal nos córtices pré-frontais dos cérebros dos participantes, com um dispositivo chamado *estimulador transcraniano por corrente contínua* (tDCS). Os pesquisadores descobriram que a mentira caía pela metade quando a excitabilidade neural no córtex pré-frontal subia. Além disto, o aumento da honestidade "não poderia ser explicado por mudanças no autointeresse material ou crenças morais, e estava dissociado da impulsividade dos participantes, de sua disposição para correr riscos e do seu humor". Eles concluíram que a honestidade pode ser reforçada estimulando o córtex pré-frontal, consistente com a ideia de que "o cérebro humano desenvolveu mecanismos dedicados a controlar comportamentos sociais complexos".

Perguntei a Christian Ruff: "Se a estimulação do córtex pré-frontal leva as pessoas a serem mais honestas, ser mais honesto pode estimular o córtex pré-frontal?". Ou seja, a prática de dizer a verdade poderia reforçar a atividade e a excitabilidade em partes do cérebro que usamos para planejamentos futuros, regulagem de emoções e gratificação postergada?

Ele respondeu: "Sua pergunta faz sentido. Não tenho uma resposta definitiva para isso, mas compartilho sua intuição de que um processo neural dedicado (como o processo pré-frontal envolvido na honestidade) deveria ser reforçado pelo uso repetitivo. É isso que acontece na maioria dos tipos de aprendizagem; segundo o velho mantra de Donald Hebb, *O que é disparado ao mesmo tempo fica conectado* [aqui a interpretação seria: 'Se dois ou mais neurônios são ativados ao mesmo tempo, as sinapses entre esses neurônios ficam reforçadas']".

Praticar a honestidade radical poderia reforçar os circuitos neurais dedicados, da mesma maneira que aprender uma segunda língua, tocar piano ou dominar o sudoku reforça outros circuitos.

Consistente com a experiência vivida por pessoas em recuperação, a honestidade radical ou o hábito de dizer a verdade pode mudar o cérebro, permitindo-nos uma maior consciência de nosso equilíbrio prazer-dor, e dos processos mentais que levam ao consumo excessivo compulsivo, e assim superando-o.

\*

Ao utilizar o exercício interativo à página 155, reserve um momento para relembrar quaisquer mentiras que você tenha contado ontem, na última semana e no último mês. Isso deveria incluir as mentirinhas que você conta para encobrir suas falhas e erros. Depois de pensar em um caso em que tenha mentido, anote-o juntamente com os pensamentos e sentimentos que o motivaram a contar a mentira.

Em seguida, reflita se acha que a mentira conseguiu o que você esperava e se o impacto foi positivo ou negativo, como você se sentiu ao ver aquela reação. Mesmo quando nossas mentiras conseguem o que esperávamos, podemos sentir uma pontinha de vergonha surgindo.

Agora, pense no que você sentiria se contasse a verdade naquele momento. A antecipação de admitir nossa transgressão vem, com frequência, acompanhada por medo. O medo vem, fundamentalmente, por antever as consequências negativas de nossos atos, especialmente a rejeição antecipada daqueles que nos importam.

Por fim, vamos pensar em uma época em que contávamos a verdade sobre nossos delitos para a pessoa que magoávamos, e como era assustador, e o que acontecia depois.

Possivelmente conseguiremos ver nessas reflexões os diferentes ciclos de vergonha e como a vergonha destrutiva se compara e contrasta com a vergonha pró-social.

Por exemplo, meu paciente Riley, que luta com um consumo excessivo de entretenimento digital, descreveu um caso de mentira da seguinte maneira: "Disse a uma pessoa que estava dormindo na casa de alguém que morava próximo, em vez de dizer que estava fazendo uma longa viagem de ônibus para casa (tarde da noite)". Já dá para percebermos que essa mentira parece injustificada e não relacionada com o comportamento compulsivo de Riley, mas com frequência mentimos quando não precisamos, o que é consistente com o hábito de mentir. Ao pensar sobre o que motivou essa mentira, Riley escreveu: "Não queria que eles se preocupassem comigo por estar viajando tarde da noite". Mentir em atenção a outras pessoas quase sempre envolve algum nível de grandiosidade, como se soubéssemos quais poderiam ser as reações dos outros à verdade.

Depois de mentir, Riley conta: "Senti que me distanciei deles por não ter compartilhado o que estava fazendo realmente". Quando mentimos, nós quase universalmente colocamos uma barreira entre nós e os outros e solapamos a intimidade. Este é o verdadeiro custo de mentir.

Ao pensar sobre o que poderia ter acontecido ao dizer a verdade, Riley escreveu: "Eles poderiam ter dividido suas preocupações comigo, mas eu poderia ter dito por que achava que era seguro". Riley tem o insight de perceber que havia outro caminho melhor. Se lhe fosse dada a chance de agir diferente, Riley disse: "Não, não teria feito de novo. A única coisa que ganhei foi conseguir impedir que eles ficassem preocupados, e nesse caso, aquilo não era minha responsabilidade. Eu preferiria manter uma relação mais honesta com eles. Fui contra meus valores".

### EXERCÍCIO INTERATIVO

## Honestidade radical e o córtex pré-frontal

### (Exemplo: Riley)

| Exemplo de mentira | O que me motivou a mentir? Por que fiz isso? | Que reação obtive por mentir? | O que senti ao receber aquela reação? | O que poderia ter acontecido se eu tivesse contado a verdade? | A mentira valeu a pena? Se tivesse a oportunidade de fazer isso novamente, eu agiria diferente? Por quê? Por que não? |
|---|---|---|---|---|---|
| Disse a uma pessoa que ia dormir na casa de alguém ali perto, em vez de dizer que ia fazer uma longa viagem de ônibus para casa (tarde da noite) | Não queria que eles se preocupassem comigo por viajar tarde da noite | Eles não pensaram nada, não se preocuparam | Senti que me distanciei deles por não ter compartilhado o que estava realmente fazendo | Eles poderiam ter dividido suas preocupações comigo, mas eu poderia ter dito por que achava que era seguro | Não, eu não teria feito de novo. A única coisa que ganhei foi conseguir impedir que eles ficassem preocupados e, nesse caso, aquilo não era minha responsabilidade. Eu preferiria manter uma relação mais honesta com eles. Fui contra meus valores |

Reserve um tempo para pensar num caso em que você mentiu, por que fez isso, que reação obteve, o que sentiu quando obteve aquela reação, o que você acha que poderia ter acontecido se tivesse dito a verdade, e se, caso houvesse uma oportunidade de fazer isso novamente, você agiria diferente.

## EXERCÍCIO INTERATIVO

# Honestidade radical e o córtex pré-frontal

| Exemplo de mentira | O que me motivou a mentir? Por que fiz isso? | Que reação obtive por mentir? | O que senti ao receber aquela reação? | O que poderia ter acontecido se eu tivesse contado a verdade? | A mentira valeu a pena? Se tivesse a oportunidade de fazer isso novamente, eu agiria diferente? Por quê? Por que não? |
|---|---|---|---|---|---|
| | | | | | |

## ▸ Honestidade radical e intimidade

Um dos motivos de resistirmos a contar a verdade é por acharmos que, assim que as pessoas virem nossas imperfeições, sairão correndo. Na verdade, acontece o oposto. Quando nos abrimos para os outros e nos tornamos realmente vulneráveis, as pessoas se aproximam. Acho que isso acontece porque elas veem em nós sua própria humanidade falha e assim se sentem menos sós.

De fato, quando contamos a verdade, principalmente para aqueles a quem magoamos e eles nos perdoam, podemos vivenciar uma explosão de intimidade, o que, a propósito, libera dopamina.

A oxitocina, hormônio muito envolvido com o se apaixonar, com o vínculo mãe-filho e com a ligação de vida inteira de parceiros sexuais, liga-se a receptores nos neurônios que secretam dopamina no circuito de recompensa do cérebro e amplia a descarga do circuito de recompensa. Assim, quando estamos dizendo a verdade e a pessoa com quem estamos falando nos aceita, em vez de nos rejeitar, podemos muito bem experimentar uma descarga de liberação de oxitocina no cérebro, o que, por sua vez, leva à liberação de dopamina no sistema de recompensa, e a sensação é boa.

## ▸ Honestidade radical e uma mentalidade de abundância

Contar a verdade é contagioso, e o mesmo acontece com a mentira. Quando as pessoas a nossa volta estabeleceram um compromisso de dizer a verdade, nós mesmos somos mais propensos a dizer a verdade, e também mais capazes de adiar o consumo de recompensa. Como ilustração, vou lhe contar sobre o experimento do marshmallow feito em Stanford.

O experimento do marshmallow de Stanford foi uma série de estudos conduzidos pelo psicólogo Walter Mischel no final da década de 1960, na Universidade Stanford, para estudar gratificação adiada.

Foram oferecidas a crianças com idade entre 3 e 6 anos uma escolha de uma pequena recompensa imediata (um marshmallow) ou duas pequenas recompensas (dois marshmallows) se a criança pudesse esperar cerca de quinze minutos sem comer o primeiro marshmallow. O marshmallow era colocado em um prato sobre uma mesa em uma sala que não tinha qualquer outra distração: nenhum brinquedo, nem outras crianças. Durante esse tempo, o pesquisador deixava a sala e voltava ao término dos quinze minutos.

O propósito do estudo era determinar quando a gratificação adiada se desenvolve nas crianças, bem como que tipos de resultados da vida real estão associadas à capacidade, ou falta dela, para adiar gratificação.

Os pesquisadores descobriram que, de aproximadamente cem crianças, um terço esperou o suficiente para conseguir o segundo marshmallow. O principal determinante foi a idade: quanto mais velha a criança, maior a capacidade de adiar. Mas não foi apenas a idade: os pesquisadores descobriram em estudos subsequentes que as crianças que conseguiram esperar pelo segundo marshmallow tenderam a ter melhores resultados nos testes de aptidão escolar e melhor realização educacional, sendo, em geral, adolescentes mais ajustados social e cognitivamente.

Em 2012, pesquisadores da Universidade de Rochester alteraram o experimento de marshmallow de Stanford de 1968 de modo crucial: um grupo de crianças viveu a quebra de uma promessa antes da realização do teste do marshmallow. Os pesquisadores disseram a todas elas que, se quisessem que o pesquisador voltasse antes do prazo dos quinze minutos, só precisariam tocar o sino que estava na mesa logo ao lado do marshmallow.

Para metade das crianças, os pesquisadores realmente voltavam à sala quando a criança tocou o sino. Para a outra metade, isso não aconteceu. As crianças do primeiro grupo, em que os pesquisadores voltaram, estiveram dispostas a esperar até quatro vezes mais por um segundo marshmallow do que as crianças do grupo da promessa quebrada, em que os pesquisadores não voltaram com o toque do sino.

Como podemos entender isso?

Quando as pessoas à nossa volta são confiáveis e nos dizem a verdade, inclusive mantendo as promessas que nos fizeram, sentimo-nos mais confiantes em relação ao mundo e ao nosso próprio futuro. Sentimos que podemos confiar não apenas nelas, mas também em que o mundo seja um lugar ordenado, previsível e seguro. Mesmo em meio à escassez, sentimo-nos confiantes de que as coisas darão certo, e podemos esperar por futuras recompensas. Essa é uma mentalidade de abundância.

Por outro lado, quando as pessoas à nossa volta mentem e não mantêm suas promessas, sentimo-nos menos seguros em relação ao futuro. O mundo torna-se um lugar perigoso, que não se pode confiar que seja ordenado, previsível, seguro, e tendemos a um modo de sobrevivência competitivo, em que favorecemos ganhos de curto prazo aos de longo prazo, independentemente da verdadeira riqueza material. Essa é uma mentalidade de escassez.

▸ **Honestidade radical e vergonha pró-social**

A vergonha é um soco no estômago, uma emoção que combina autodesprezo com medo de abandono. Fazemos de tudo para evitar a vergonha, e isso inclui mentir sobre o que, quanto e com que frequência estamos consumindo nossa droga de escolha.

Mas quando mentimos para evitar sentir vergonha, paradoxalmente aumentamos a nossa vergonha com a mentira. Ser desonesto com outras pessoas cutuca nossa consciência, ainda que tentemos fingir que não. A vergonha sobre nosso consumo agora se soma à vergonha de mentir, uma vergonha composta que leva ao isolamento e promove comportamentos adictivos.

Esse ciclo de vergonha destrutiva perpetua a adicção, caso em que nossa droga de escolha se torna uma maneira de mascarar nossa vergonha e nos conforta em nosso isolamento.

Por outro lado, se dizemos a verdade em uma comunidade confiável, criamos a oportunidade para uma vergonha pró-social. A vergonha pró-social apoia-se na ideia de que a vergonha pode ser uma emoção útil, alertando-nos para transgressões e dissuadindo-nos de repetir os comportamentos. No entanto, a vergonha pró-social pede duas condições: a prática da honestidade radical e uma comunidade acolhedora, na qual uma lista de pendências pós-vergonha oferece passos específicos para as reparações. Nesse tipo de comunidade, ser sincero ajuda a metabolizar aquela vergonha, propiciando intimidade e um caminho a seguir. Por exemplo, nos Alcoólicos Anônimos e outros grupos dos 12 passos, seguir os passos é o caminho para uma mudança de comportamento e se redimir. Da mesma forma, certas tradições religiosas e espirituais oferecem atitudes específicas a serem tomadas para uma mudança de comportamento e penitência.

*

Se esta seção sobre honestidade radical foi significativa para você, gostaria de sugerir uma versão mais avançada deste exercício, adaptada dos 12 passos dos Alcoólicos Anônimos.

No AA, o inventário moral do 4º passo envolve olhar para eventos passados e tentar ser honesto quanto à maneira com que as deficiências, as limitações e os medos de nossa personalidade contribuíram para as coisas darem errado, em especial as maneiras com que magoamos outras pessoas, intencionalmente ou não. Você poderia pensar nisso como *honestidade radical retrospectiva*, ou seja, ser radicalmente honesto sobre coisas que já aconteceram, como forma de ter clareza sobre elas.

Comece anotando pessoas, lugares e coisas com as quais você está furioso. Liste todos os eventos em que conseguir pensar que envolveram todas as diferentes pessoas, os diferentes lugares e coisas até ter enchido a coluna vertical do lado esquerdo da tabela. Faça isto antes de passar para a próxima coluna. Ou, alternativamente, se quiser se concentrar em apenas uma pessoa, um lugar, uma coisa ou um evento, também sem problemas. Sempre é possível retomar mais tarde e refazer o exercício. Seja como for, não é preciso ser descritivo em excesso, apenas anote.

Na coluna seguinte, anote o que aquele indivíduo ou entidade fez para você. Em outras palavras, por que você está furioso com eles? Talvez o tenham insultado, talvez lhe devam dinheiro, talvez tenham quebrado uma promessa. Repare aqui que estamos focando primeiro na raiva em relação a terceiros. Isso é importante porque, com frequência, a raiva encobre a vergonha, e para melhorarmos precisamos passar pela vergonha e pela autodepreciação.

Na coluna seguinte, anote como as ações deles afetaram-no. Quais são os sentimentos por detrás da raiva? Um tema proeminente aqui tende a ser uma ameaça à nossa identidade, um abalo no ego, por assim dizer. Talvez tenham feito com que você se sentisse insuficiente, inadequado ou indesejado.

Por fim, anote o que você fez para contribuir para o problema. Quais são suas falhas específicas que pioraram as coisas? Por exemplo, você não ter sido totalmente honesto com as pessoas, não ter cumprido tudo o que prometeu, ter tido expectativas pouco realistas em relação aos outros, ou não lhes ter dado uma saída. Talvez você tenha só se mostrado presente, caso em que, realmente, não foi sua culpa de maneira alguma. Mas para a maioria de nós, a tendência é haver um tema que envolve a maneira que nos protegemos, deixando de assumir responsabilidade por nossas ações.

O objetivo deste exercício é procurar temas que aflorem e ajudem a nos entender melhor e, com esse entendimento, tomar melhores decisões daqui em diante.

Por exemplo, Riley listou "meu pai", "universidades que não me aceitaram" e "Rachel (ex-namorada)" sob "Pessoas, lugares e coisas com os quais estou furioso". O pai de Riley ficava furioso com o filho, durante a infância, por erros mínimos; as universidades não admitiram Riley em seus cursos, e a namorada dele decidiu romper a relação. O impacto em Riley foi um medo perpétuo de cometer erros e parecer insuficiente, ressentimento por não conseguir frequentar as universidades que queria, e uma sensação de vergonha por não se sentir merecedor de um relacionamento íntimo importante.

Agora, a parte mais difícil: como Riley contribuiu para os problemas. Riley escreveu: "Eu só estava sendo um moleque que cometeu um erro honesto, não acho que tenha contribuído para o problema daquele determinado momento, mas, por vingança, acabei querendo fazer meu pai se sentir mal". Em relação às universidades, ele escreveu: "Senti que foram injustas comigo ao me recusarem, como se o único resultado possível fosse me aceitarem devidamente, ou me rejeitarem injustamente". Quanto a Rachel, Riley escreveu: "Deduzi que o único motivo para o rompimento fosse por alguma falha minha. E senti que ela foi injusta porque supus que não poderia haver algo errado comigo que a tivesse levado àquela decisão. Tive uma perspectiva autocentrada errada".

Depois de fazer essas reflexões, Riley chegou à seguinte conclusão sobre deficiências de caráter pessoal e estratégias desajustadas de enfrentamento: "Acho que tenho uma perspectiva autocentrada sobre as coisas, quando as decisões tomadas por outras pessoas não são aquelas que eu queria que tomassem. Com frequência acaba sentindo raiva dessas pessoas. Em geral, acabo querendo fazer com que, em troca, elas se sintam mal, se sintam vitimizadas, ou as duas coisas".

## EXERCÍCIO INTERATIVO

# Honestidade radical retrospectiva

### (Exemplo: Riley)

| Pessoas, lugares e coisas com as quais estou furioso | O que eles me fizeram | Como suas atitudes me afetaram | Como contribuí para o problema | Temas que surgiram sobre minhas falhas de caráter (as maneiras inadequadas com as quais tentei me proteger) |
|---|---|---|---|---|
| Meu pai | Ele demonstrava raiva de mim, quando eu cometia um erro em criança | Sentia-me triste, invisível, e zangado por ele gritar comigo por algo que não fiz de propósito. Fiquei com medo de cometer erros no futuro. Senti medo de ser insuficiente | Eu estava apenas sendo um moleque que cometeu um erro honesto. Não acho que tenha contribuído para o problema naquele determinado momento, mas, por vingança, acabei querendo fazer meu pai se sentir mal | Acho que tenho uma perspectiva autocentrada sobre as coisas, quando as decisões tomadas por outras pessoas não são aquelas que eu queria que tomassem. Com frequência acabo sentindo raiva dessas pessoas. Em geral, acabo querendo fazer com que, em troca, elas se sintam mal, se sintam vitimizadas, ou as duas coisas |
| Universidades que não me aceitaram | Elas me recusaram em seus cursos | Não consegui estudar em nenhuma das instituições que eu queria | Senti que foram injustos comigo ao me recusarem, como se o único resultado possível fosse me aceitarem devidamente, ou me recusarem injustamente | |
| Rachel (ex-namorada) | Ela decidiu romper comigo | Perdi um relacionamento íntimo com alguém de quem eu gostava. Senti vergonha e tristeza quando ela terminou comigo porque me achei muito insuficiente para ela | Deduzi que o único motivo para o rompimento fosse por alguma falha minha. E senti que ela foi injusta porque supus que não poderia haver algo errado comigo que a tivesse levado àquela decisão. Tive uma perspectiva autocentrada errada | |

INSIGHT (E HONESTIDADE RADICAL) | 163

Em contraste com Riley, Andy decidiu focar em apenas um caso de raiva e ressentimento: seus sentimentos em relação à ex-esposa. Ao refletir sobre a origem de sua raiva, Andy escreveu: "Ela voltou atrás em nosso acordo de guarda compartilhada e pleiteou um acordo de divisão 60/40", que o afetou da seguinte maneira: "Me ver como um 'bom pai' era uma parcela fundamental da minha identidade, e sua recusa em uma guarda compartilhada me fez sentir como um pai menos importante. Além disto, passar menos tempo com a minha filha me deixou triste por não vê-la".

Ao refletir sobre o que havia contribuído para o problema, Andy escreveu: "Fui eu que pedi o divórcio, e minha ex-esposa ficou louca da vida com isso. Eu também trabalhava muito durante o casamento, e poderia ter sido um pai mais presente, participativo". Ao final do exercício, Andy conseguiu ter os seguintes insights sobre suas próprias falhas de caráter: "Culpei minha ex-esposa e fiquei zangado com ela, em vez de reconhecer que poderia ter sido mais focado e envolvido com nossa filha durante o casamento. Fiquei mais preocupado com a imagem para a família e os amigos da divisão desigual da guarda do que com a realidade. Meu foco em minha imagem pessoal acima da honestidade é um aspecto de falha de caráter".

## EXERCÍCIO INTERATIVO
## Honestidade radical retrospectiva
(Exemplo: Andy)

| Pessoas, lugares e coisas com as quais estou furioso | O que eles me fizeram | Como suas atitudes me afetaram | Como contribuí para o problema | Temas que surgiram sobre minhas falhas de caráter (as maneiras inadequadas com as quais tentei me proteger) |
|---|---|---|---|---|
| Minha ex-esposa | Ela voltou atrás em nosso acordo de guarda compartilhada e pleiteou um acordo de divisão 60/40 | Me ver como um "bom pai" era uma parcela fundamental da minha identidade e sua recusa em uma guarda compartilhada me fez sentir como um pai menos importante. Além disso, passar menos tempo com a minha filha me deixou triste por não vê-la | Fui eu que pedi o divórcio, e minha ex-esposa ficou louca da vida com isso. Eu também trabalhava muito durante o casamento, e poderia ter sido um pai mais presente, participativo | Culpei minha ex-esposa e fiquei zangado com ela, em vez de reconhecer que poderia ter sido mais focado e envolvido com nossa filha durante o casamento. Fiquei mais preocupado com a imagem para a família e os amigos da divisão desigual da guarda do que com a realidade. Meu foco em minha imagem pessoal acima da honestidade é um aspecto de falha de caráter |

Agora é a sua vez. Pense em pessoas, lugares e/ou coisas contra as quais sentiu raiva ou ressentimento, e descreva o que levou você àqueles sentimentos, como as ações dos outros afetaram-no e à sua vida, e como você pode ter contribuído para o problema. Depois, reveja tudo o que escreveu e veja se surgiram aspectos sobre suas falhas de caráter e as maneiras inadequadas com que você tenta se proteger durante o dano.

## EXERCÍCIO INTERATIVO

# Honestidade radical retrospectiva

| Pessoas, lugares e coisas com as quais estou furioso | O que eles me fizeram | Como suas atitudes me afetaram | Como contribuí para o problema | Temas que surgiram sobre minhas falhas de caráter (as maneiras inadequadas com as quais tentei me proteger) |
|---|---|---|---|---|
| | | | | |
| | | | | |
| | | | | |
| | | | | |
| | | | | |
| | | | | |

166 | NAÇÃO DOPAMINA WORKBOOK

Após décadas atendendo pacientes e testemunhando o impacto da honestidade radical na vida deles, passei a acreditar que é algo que pode nos ajudar a todos a diminuir o consumo excessivo compulsivo em um mundo saturado de dopamina, e levar uma vida mais equilibrada e plena. Tento praticar a honestidade radical em minha própria vida. Não que eu sempre seja bem-sucedida, na verdade é uma luta diária, mas acho que quando sou honesta minha vida transcorre melhor.

Uma última advertência sobre a honestidade radical: tudo bem se refrear de contar a verdade se isso for magoar outras pessoas sem resultar em nada de bom. Mas tome cuidado. Com frequência, podemos racionalizar que a mentira constante seja justificada por esse motivo, quando não é. Ainda assim, existem raras situações em que faz sentido contar uma mentira.

\*

Chegamos ao fim do nosso capítulo "I é para *insight*". Bom trabalho! Vamos reservar um momento para uma rápida recapitulação.

## RECAPITULANDO

- Consideramos que o hábito de mentir é parte integrante do consumo excessivo compulsivo. Os dois tendem a andar de mãos dadas.

- Analisamos a honestidade radical, contar ativamente a verdade sobre todas as coisas, sempre que possível, como um instrumento prático para promover insights, intimidade, uma mentalidade de abundância, e pertencimento, também conhecido como vergonha pró-social.

- Observamos como a honestidade radical também pode ser aplicada em nossa experiência passada, como maneira de criar narrativas autobiográficas mais verdadeiras, o que, por consequência, nos ajuda a entender nossas próprias falhas de caráter e como contribuímos para nossos problemas.

\*

Recomento que você espere até ter quase terminado seu jejum de dopamina, antes de ir para o capítulo 7. Ou faça uma leitura rápida até o final do livro, sem fazer os exercícios restantes. Depois, comece seu jejum de dopamina e volte ao capítulo 7 quando seu jejum estiver quase completo.

CAPÍTULO 7

# Novos passos

 = Dados
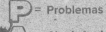 = Objetivos
= Problemas
 = Abstinência (e ascetismo)
 = Mindfulness (atenção plena)
= Insight (e honestidade radical)
 **Novos passos**
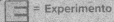 = Experimento

O *N* e penúltima letra no acrônimo DOPAMINE significa *novos passos*.

Ao começar este capítulo, você deveria estar chegando ao fim do seu jejum de dopamina. Aqui, nosso propósito é ajudá-lo a planejar como proceder quando o jejum de dopamina terminar. Então, vamos avaliar a situação e pensar no que vem a seguir.

Comece com uma lista de prós e contras. Anote todas as coisas que foram boas ao abrir mão da sua substância ou do seu comportamento por um período. Anote tudo o que foi ruim.

Andy tinha uma longa lista de prós e uma lista mais curta de contras, o que é típico nesses casos. No lado dos prós, ele escreveu: "Sentir-me melhor comigo mesmo, com mais tempo para relacionamentos", "Está ficando mais fácil ser honesto", "Tenho mais tempo, em geral, e termino mais coisas", "Sinto menos ansiedade, culpa e vergonha", "Meu corpo está menos dolorido e cansado", "É mais fácil me concentrar e tenho mais energia para o trabalho difícil, criativo, intelectual quando não estou tão exausto fisicamente, o tempo todo" e "Tenho uma sensação de esperança de que consigo fazer mudanças, moderar a minha vida e fazer com que ela funcione melhor, com mais bem-estar e menos sofrimento".

No lado dos contras, Andy escreveu: "Já não vou à academia para me exercitar com meus amigos, e sinto falta de estar com eles, de fazer parte daquele grupo", "Sinto-me inquieto e agitado, achando que poderia estar em melhor forma" e "Sinto o peso de fazer escolhas para lidar com o meu tempo e com minhas emoções de outro jeito".

## EXERCÍCIO INTERATIVO

## Prós e contras da conclusão do jejum de dopamina

### (Exemplo: Andy)

| Prós do Jejum de Dopamina | Contras do jejum de dopamina |
|---|---|
| Sentir-me melhor com relação a mim mesmo, com mais tempo para relacionamentos | Já não vou à academia para me exercitar com meus amigos, e sinto falta de estar com eles, de fazer parte daquele grupo |
| Está ficando mais fácil ser honesto | Sinto-me inquieto e agitado, achando que poderia estar em melhor forma |
| Tenho mais tempo, em geral e termino mais coisas | Sinto o peso de fazer escolhas para lidar com o meu tempo e com minhas emoções de outro jeito |
| Sinto menos ansiedade, culpa e vergonha | |
| Meu corpo está menos dolorido e cansado | |
| É mais fácil me concentrar, e tenho mais energia para o trabalho difícil, criativo, intelectual, quando não estou tão exausto fisicamente, o tempo todo | |
| Tenho uma sensação de esperança de que consigo fazer mudanças, moderar a minha vida e fazer com que ela funcione melhor, com mais bem-estar e menos sofrimento | |

Tente por isso em prática. Liste seus prós e contras da conclusão do jejum de dopamina.

## EXERCÍCIO INTERATIVO

# Prós e contras da conclusão do jejum de dopamina

| Prós do Jejum de Dopamina | Contras do jejum de dopamina |
| --- | --- |
| | |
| | |
| | |
| | |
| | |
| | |
| | |

Em minha experiência clínica, cerca de 80% dos pacientes, que completaram com sucesso o jejum de dopamina, endossarão mais prós do que contras. Entre esses 80% que confirmam mais benefícios, inclusive alguns com total solução dos sintomas que os trouxeram à clínica, a maioria vai querer voltar a usar a substância, ou o comportamento, de escolha, mas de outra maneira, quer usar menos. E, na maioria dos casos, eles realmente acabam usando menos, pelo menos durante um tempo. Resumindo, eles querem estabelecer uma relação mais saudável com a substância ou com o comportamento. Os outros 20% não se sentirão melhor, caso em que devam ser considerados outros fatores causais, tais como uma doença mental concomitante, trauma/estresse em andamento etc.

Quer o objetivo seja moderação, quer seja abstinência contínua, é importante anotar um plano específico a ser posto em prática daqui para frente – quanto, quando e em quais circunstâncias, bem como indicadores de alerta para quando estivermos nos desviando daquele plano, e estratégias de autorrestrição que nos ajudem a reduzir os gatilhos de consumo.

Meu paciente Justin, apresentado logo no começo deste manual, que se absteve de videogames por um mês, sentiu-se imensamente melhor por isso. Deixou de se sentir suicida, ficou muito menos ansioso, voltou a aproveitar pequenos prazeres, como encontrar amigos e família, ler e brincar de jogar bola com o cachorro.

Decidiu continuar a se abster por mais três meses, para solidificar seus ganhos, mas acabou querendo voltar a jogar videogames, então fizemos um plano juntos.

Em primeiro lugar, ele restringiu seu tempo de videogame a não mais de dois dias por semana, não mais de duas horas por dia. Dessa maneira, deixou tempo suficiente para que os *gremlins* descessem da balança e o equilíbrio fosse restaurado.

Evitou videogames que fossem potentes demais, aqueles que, depois de começados, ele não conseguiria parar. Dessa maneira, livrou-se de acumular mais *gremlins* do que poderia administrar.

Justin separou um computador para videogame, e outro para a faculdade, para manter uma separação física entre jogos e trabalhos de escola.

Por fim, comprometeu-se a só jogar com amigos, nunca com desconhecidos, de modo que os jogos reforçassem sua conexão social. Como foi dito, a conexão humana, por si só, é uma fonte de dopamina potente e adaptativa.

E quanto a você? Como vai continuar a se abster? Ou, caso o seu caso seja moderação, como vai integrar de volta em sua vida sua substância ou comportamento de escolha, de um modo que mantenha limites saudáveis? O que você vai usar? Quanto? Com que frequência? Em que circunstâncias? Quais serão alguns sinais de alerta de que você esteja saindo do controle? Que estratégias de autorrestrição você pode utilizar para otimizar o sucesso?

## EXERCÍCIO INTERATIVO

## Planos para o futuro

| Droga | Quanto tempo (base de tempo para adicções no processo, como videogames) | Com que frequência | Em que circunstâncias | Sinais de alerta | Estratégias de autorrestrição |
|---|---|---|---|---|---|
| | | | | | |
| | | | | | |
| | | | | | |
| | | | | | |

\*

Chegamos ao fim do nosso capítulo "*N* é para *novos passos*". Bom trabalho. Vamos reservar um momento para uma rápida recapitulação.

## RECAPITULANDO

- Consideramos os prós e contras do jejum de dopamina. Felizmente, os prós superaram os contras, mas caso isso não aconteça, esta também é uma informação útil.

- Exploramos o que queremos fazer agora que o jejum de dopamina terminou; se queremos continuar com a abstinência, ou voltar a usar com mais moderação. Seja qual for a nossa decisão sobre os próximos passos, fizemos um plano detalhado para como será a abstinência ou moderação, incluindo sinais de alerta para recaída e estratégias de autorrestrição para otimizar o sucesso.

*

A seguir vem o último capítulo do manual, em que pegamos o plano específico que foi feito e o experimentamos no mundo, para ver como nos saímos. Sem vergonha, nem culpa, apenas em busca de mais informações com as quais aprender.

CAPÍTULO 8

# Experimento

 = Dados
 = Objetivos
 = Problemas
 = Abstinência (e ascetismo)
 = Mindfulness (atenção plena)
 = Insight (e honestidade radical)
= Novos passos
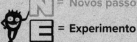 = **Experimento**

O *E*, última letra do acrônimo DOPAMINE significa *experimento*.

Depois de criar um plano específico para moderação ou abstinência, qualquer que seja o seu objetivo, é hora de voltar para o mundo e ver o que acontece. Alguns conseguirão se ater ao plano. Outros, recairão na mesma hora e usarão ainda mais do que usavam antes de largar, o que, às vezes, é chamado de *efeito da violação da abstinência*.

A maioria de nós ficará entre uma coisa e outra, com dias bons e dias ruins, precisando de ajustes contínuos nas estratégias de autocomprometimento e honestidade radical, para permanecerem confiáveis para si mesmos e para os outros.

No meu caso, segui a dica do meu paciente. Ainda assisto a vídeos do YouTube, mas tento me limitar a não mais de dois dias por semana, não mais de duas horas por dia e, de preferência, com amigos e família. Evito completamente certos tipos de vídeos, principalmente os que parecem bons no momento, mas me fazem sentir pior depois. Procuro não assistir tarde da noite, quando minha força de vontade para moderação está no nível mais baixo. Em vez disso, tento achar um livro para ler, enquanto evito totalmente romances baratos, já que eles tendem a me deixar pior do que quando comecei. Em geral, na maioria do tempo, a balança parece estar bem, embora eu reconheça que isso exige esforço e manutenção constantes. Falei da balança como uma gangorra em um playground, mas na verdade é algo mais próximo de equilibrar uma barra sobre uma bola, como um número de circo, exigindo pequenos ajustes constantes no trabalho dos pés e na posição do corpo, para evitar a queda.

No próximo e último exercício interativo, enumere as estratégias que você tem usado para lidar com seu consumo excessivo compulsivo, incluindo o que tem funcionado, o que não tem, e uma ou duas mudanças que você pode fazer hoje para melhor as coisas daqui para a frente.

## EXERCÍCIO INTERATIVO

# O que está funcionando, o que não está e uma pequena mudança que você pode fazer

| O que está funcionando | O que não está funcionando | O que posso acrescentar ou mudar |
| --- | --- | --- |
|  |  |  |
|  |  |  |
|  |  |  |
|  |  |  |
|  |  |  |

Você chegou ao final do livro. Nunca desista. Ação, em vez de perfeição. Simplesmente continue seguindo em frente, e lembre-se do acrônimo de DOPAMINE e das Lições do Equilíbrio. Se ou quando você cair, volte e tente novamente.

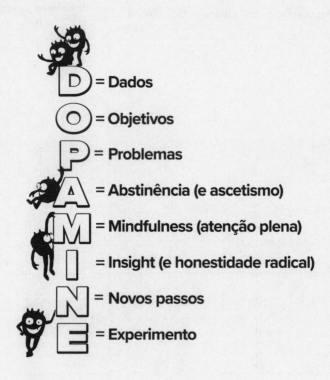

## RECAPITULANDO: AS LIÇÕES DO EQUILÍBRIO

- A busca incessante do prazer (e a fuga do sofrimento) leva ao sofrimento.

- A recuperação começa com a abstinência.

- A abstinência reconfigura o circuito de gratificação do cérebro e, com ele, nossa capacidade de sentir alegria nos prazeres mais simples.

- O autocomprometimento cria espaço literal e metacognitivo entre o desejo e o consumo, uma necessidade moderna em nosso mundo saturado de dopamina.

- Os medicamentos podem restaurar a homeostase, mas pense no que perdemos ao eliminar nosso sofrimento com remédios.

- Pender um pouco para o lado do sofrimento reconfigura nosso equilíbrio para o lado do prazer.

- É preciso estar atento para não se tornar dependente do sofrimento.

- A honestidade radical impulsiona a conscientização, amplia a intimidade e favorece uma mentalidade farta.

- A vergonha pró-social confirma que pertencemos à tribo humana.

- Em vez de fugir do mundo, podemos encontrar escapatória ao mergulhar nele.

# Agradecimentos

**MUITAS PESSOAS CONTRIBUÍRAM** para a criação deste manual, incluindo leitores do *Nação dopamina*, que me escreveram pedindo um manual interativo para ampliar as ideias que eles exploraram naquele livro. Sem a sua insistência, duvido que eu acharia tempo ou motivação. Obrigada. Minha gratidão vai par Steve Bachelder, Steven Michael Crane, E. J. Iannelli, Rod Jeppsen, Zach Katz, Joe Polish, Coronel Scott Reed e Tenente Comandante Stephen E. Rodriguez, por lerem o manuscrito à medida que ele evoluía e darem sugestões e críticas. Este workbook ficou muito melhor por causa disso. Estou em dívida com minha agente, Bonnie Solow; meus editores na Dutton, Stephen Morrow e Jill Schwartzman, e toda a equipe da Dutton por sua contribuição e apoio ao projeto mais amplo do *Nação dopamina*. Meus agradecimentos especiais a Deb McCarroll pela arte original em *Nação dopamina*, e a Soo Jin Ahn, da equipe da Coreia, e Paul Girard, por adaptar aquela arte ao workbook. Por fim, agradeço aos vários pacientes e leitores que me permitiram usar seu processo de recuperação para ilustrar estas ideias. Vocês são meus heróis.

Este livro foi composto com tipografia Adobe Garamond Pro e impresso em papel Off-White 80 g/m² na Formato Artes Gráficas.